인간의 오랜 친구
개

일러두기

- 이 책에 쓰인 개의 어깨높이와 체중은 세계애견연맹(FCI)의 자료에 근거한 수치입니다.
- 어깨높이는 지면에서 어깨까지 높이입니다. 여기에 나온 어깨높이와 몸무게는 이상적인 크기를 말할 뿐이지 이 범위가 아니라고 해서 그 견종이 아닌 건 아닙니다.
- 세계적으로 가장 큰 견종 등록 단체는 세계애견연맹(FCI)과 영국 켄넬클럽(KC), 미국 켄넬클럽(AKC)입니다. 이 단체들이 인정한 견종은 세계 공인 견종이라고 말할 수 있습니다. 그러나 개의 품종 가운데에는 다른 나라에 알려지지는 않았어도 원산지에서 공인되어 열렬한 팬을 가진 개가 많습니다. 이 모든 품종을 합치면 전 세계에 있는 개의 품종은 700~800종에 이릅니다.
- 개 이름은 원어명으로 표기하되 띄어쓰기는 국립국어원의 《표준국어대사전》을 따랐습니다.

지식은 내 친구 006
인간의 오랜 친구 개

2016년 11월 25일 초판 5쇄 | 2013년 3월 10일 초판 1쇄
글 김황 | 그림 김은주
펴낸이 박강희 | 펴낸곳 도서출판 논장 | 등록 제10-172호 · 1987년 12월 18일
주소 10881 경기도 파주시 회동길 329 전화 031-955-9163 팩스 031-955-9167
디자인 최남주 | 제조국명 대한민국 | 사용연령 8세 이상
주의사항 종이에 베이거나 긁히지 않도록 조심하세요.
ISBN 978-89-8414-159-9 73490
ⓒ 김황 · 김은주, 2013

- 잘못된 책은 바꿔 드립니다.
- 책값은 뒤표지에 있습니다.
- 이 책의 내용을 쓰려면 반드시 저작권자와 논장의 동의를 받아야 합니다.

인간의 오랜 친구 개

김황 글 | 김은주 그림

| 차례 |

오래된 친구
스스로 인간에게 온 동물 • 8
특별한 관계가 되다 • 13
신이 된 개 • 15
    이집트의 아누비스 / 테오티우아칸의 쇼로이츠퀸틀
재앙을 쫓는 개 • 22
    재앙을 쫓고 소중한 것을 지켜 주는 개 / 중국 한자에 들어 있는 개
개를 조상이라고 생각한 사람들 • 25

세계의 개 이야기
우리나라 토종개, 나와라! • 32
    한국을 대표하는 진돗개 / 뛰어난 사냥꾼 풍산개
    용감하고 싸움 잘하는 삽살개 / 꼬리가 없는 경주개 동경이
수난을 딛고 부활한 삽살개 • 46
세상의 개들, 모여라! • 52
    가축을 돌보는 목양견과 목축견 / 새 사냥을 도와주는 새 사냥견
    동물 사냥을 도와주는 사냥견 / 쥐 같은 작은 동물의 사냥을 도와주는 테리어
    여러 가지 일을 하는 사역견 / 특별한 사랑을 받은 애완견
    일반 가정에서 키우는 가정견과 비사냥견

개를 알면 개가 보인다
개라는 동물 • 86
뛰어난 개의 몸 – 비밀 병기 • 92

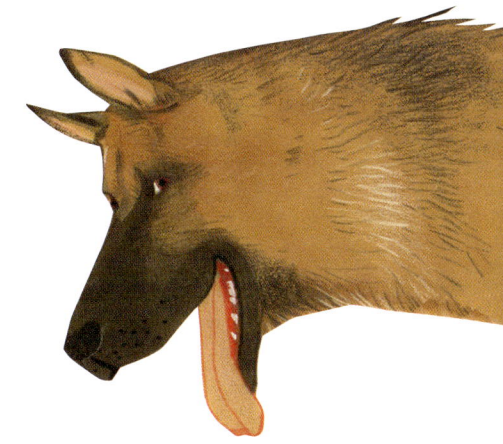

코로 생각하고 코로 기억하다 · 94
개는 왜 이런 행동을 하지? · 100
개는 사람보다 훨씬 빨리 자라 · 106

개야, 고마워!

개들의 새로운 일 · 112
범죄 수사를 돕는 경찰견 · 114
마약을 찾는 마약 탐지견 · 116
사람을 구하는 인명 구조견 · 118
사람의 눈이 되어 주는 시각 장애인 도우미견 · 122
사람의 귀가 되어 주는 청각 장애인 도우미견 · 128
사람의 몸이 되어 주는 지체 장애인 도우미견 · 130
마음을 치유하는 치료 도우미견 · 132
주인의 목숨을 구한 전설의 개, 오수개 · 134

친구라면 이 정도는 알아야 해

개와 '인사하는 법'부터 배우자 · 140
개의 '말'을 알아보자 · 144
개는 어떻게 하루를 보내지? · 146
개에게도 병이 있어 · 148
개의 10가지 부탁 · 150
개를 끝까지 지켜줘! · 152
개와 관련한 직업에는 어떤 것이 있을까? · 154

작가의 말 · 156

오래된 친구

스스로 인간에게 온 동물

　인류 역사를 통틀어 사람과 가장 가깝고 친한 동물은 아마도 개일 거야. 개는 포유류 중에 인간 곁에서 살기 시작한 가장 오래된 동물이란다. 인간이 사냥을 하며 이동 생활을 했던 선사 시대에도 개는 이미 인간 주위를 어슬렁거리고 있었어.

　놀라운 점은 인간이 개를 일부러 길들인 것이 아니라 개 스스로 인간 가까이에 와서 함께 사는 동물이 되었다는 거야. 무슨 말이냐고?

아주 먼 옛날, 사람들은 무리를 지어 동물을 사냥하며 살았어. 사냥한 동물은 다 함께 나누어 먹고, 못 먹는 부분이나 남은 것은 주변에 버렸지. 그러자 그 찌꺼기를 주워 먹으려고 사람들 주위에 늑대들이 몰려들기 시작했어. 힘들게 사냥을 하는 것보다 버려진 찌꺼기를 주워 먹는 것이 훨씬 더 쉽고 편하잖아.

목숨을 걸고 사냥을 안 해도 먹이를 얻을 수 있게 된 늑대들은 점점 더 사람 가까이 접근했어. 이렇게 야생 동물로서의 자존심을 버린 늑대들은 아마도 사람들이 다른 곳으로 옮겨 갈 때마다 그 뒤를 따라다녔을 거야.

석기 시대가 되면서 사람들은 동굴 같은 일정한 곳에 자리를 잡고 살게 되었고, 음식 쓰레기도 일정한 곳에 버렸지. 이제 아예 사람들이 버린 쓰레기만 뒤지고 다니는 늑대들이 생겨났어.

그런 늑대가 많아지자 늑대들 사이에도 경쟁이 치열해졌어. 먹을 건 한정돼 있

 는데, 늑대 수는 불어나니 어쩔 수 없잖아. 그중에 어떤 늑대가 음식 쓰레기를 차지할 수 있었을까? 바로 사람에 대한 두려움을 극복한 늑대들이었어. 생각해 봐. 사람이 100미터 밖에 있어도 벌써 도망쳐 버리는 늑대와 20미터까지 가까이 다가와도 도망치지 않는 늑대, 당연히 후자가 먹이를 차지하는 데 유리할 거야. 사람과의 친화력이 살아남기 위한 조건이 된 셈이야.

 이렇게 사람 가까이에서 살게 된 늑대는 점점 원래 늑대와는 다르게 진화했어. 오랜 세월 동안 사냥을 안 하다 보니, 주둥이가 짧아지고 이빨이 촘촘해지면서 두개골의 모양이 달라졌지. 몸의 크기도 늑대의 3분의 2쯤으로 작아졌고. 시간이 흐르면서 이들은 새로운 동물이 되어 간 거야. 이제 알겠지? 그 동물이 바로 '원시 개' 혹은 '최초의 개'야.

 사람도 개가 곁에 있는 게 여러모로 좋았어. 위험을 알려 주고, 사냥도 도와주고, 굶주릴 때는 식량이 되어 주기도 했으니까.

그러면 개와 인간이 함께 살기 시작한 것은 언제부터일까?

정확하게 '이때부터다!'라고 말할 수는 없지만 대략 그 시기를 추측해 볼 수는 있어. 중동의 여러 지역에서 개의 유골이 발굴되었는데, 학자들의 연구 결과 약 14,000년 전의 것으로 판명이 되었거든. 이스라엘에서 12,000년 전쯤에 살았던 고대 여성의 무덤이 발견되었는데, 이곳에도 강아지가 함께 묻혀 있었어. 이 시기에 사람이 개를 길렀다는 확실한 증거인 셈이지.

이런 사실로 미루어 보면, 지금으로부터 12,000년 전쯤에 개를 기른 건 확실하고, 14,000년 이전에 이미 개와 사람이 함께 지냈을 거라고 추측할 수 있단다.

개의 조상이 정말 늑대일까?

늑대설

개의 조상이 어떤 동물일까에 대해서 그동안 여러 가지 의견이 있었어.

어떤 동물학자들은 '옛날에 원시인이 늑대 새끼를 길들이는 과정에서 늑대가 가축화되어 개가 되었다.'라는 '늑대설'을 주장했어.

진화론을 주장한 다윈과 노벨상을 수상한 동물학자 로렌츠는 '늑대와 자칼이 짝짓기를 해서 개가 태어났다.'라는 '자칼설'을 폈어.

이 외에도 코요테와 관계가 있다는 설, 딩고가 조상이라는 설 등 개의 조상이 누군지를 두고 다양한 논쟁이 벌어졌지. 결론은 어떻게 됐을까?

최근에 유전자 과학이 그 수수께끼를 훌륭하게 풀어냈어. 미국의 저명한 과학 잡지인 〈사이언스〉(2002. 11. 22. 발행 호)에 따르면 '지금으로부터 대략 15,000년 전에 동아시아에서 늑대를 가축화해서 개가 생겼고, 이것이 세계로 널리 퍼져 나갔다.'라고 해. 늑대와 개의 유전자가 99퍼센트 같다는 연구 결과를 바탕으로 한 거야. 그렇지만 '늑대설'처럼 늑대 새끼가 길들어 개가 된 것은 아니고, 늑대 중에 사람을 잘 따르고 복종하는 것들을 골라서 번식시키는 과정에서 오늘날의 개가 생겨났다고 추측한단다.

자칼설

특별한 관계가 되다

사람도 동물이잖아. 서로 다른 동물이 함께 산다는 건 흔하지 않은 일이야. 그런데 어떻게 사람과 개는 '공동생활'을 할 수 있었을까?

사람의 생활에 자연스럽게 끼어들 수 있었던 건 개가(아니, 그들의 조상인 늑대가) 사람처럼 집단생활을 하기 때문에 가능한 일이었어.

무리를 지어 생활하는 늑대들은 무리 속에서 각자의 역할을 나누고 서로 협동하며 살아가. 사냥을 할 때도 '어우우' 울부짖어 위치를 알리는 일, 사냥감의 뒤를 쫓는 일, 다른 동물의 습격을 경계하는 일 등을 나누어서 맡

지. 사람 사회와 마찬가지로 집단 속에서 각자 할 일이 정해져 있는 거야. 또 새끼를 낳는 암수 우두머리를 중심으로 무리를 구성하는데, 이것 또한 사람의 가족 구성과 많이 닮았어. 늑대의 후손인 개도 당연히 이런 성질을 물려받았지. 이런 공통점 때문에 사람과 개는 자연스레 친구가 되었단다.

시간이 흐르면서 사람들의 생활에서 개의 역할이 점점 더 커졌어. 인류가 농사를 짓기 시작한 게 약 1만 년 전인데, 목축도 비슷한 시기에 시작했다고 해. 사람들은 힘이 많이 들어가는 목축과 목양에 개를 이용했어. 지금으로부터 약 6,300년 전에 양을 길들이던 초기 목양견이 있었단다.

약 4,000년 전부터 북극 지방에서 살았다고 하는 이누이트도 개 덕분에 혹독한 추위를 이겨 내며 살아남을 수 있었어. 겨울이면 기온이 영하 50도까지 내려가는 북극에서 생존력이 강한 개들이 앞장서 고래나 물범 등을 사냥할 수 있게 도왔거든.

이렇게 개와 사람은 점점 더 특별한 관계가 되어 갔단다.

신이 된 개

옛날 사람들은 동물들에게는 어떤 신령한 힘이 있어서 사람들에게 그 영향을 미친다고 생각했어. 개도 마찬가지로 생각했지. 사람이 듣지 못하는 소리를 알아듣고 짖는 모습을 보면서 개가 신과 대화를 한다고 생각했어. 개를 신성한 동물로 여긴 거야. 이러한 사실은 여러 문명의 유적에, 특히 이집트 문명과 아즈텍 족의 문명 등에 잘 나타나 있어.

이집트의 아누비스

세계에서 가장 오래된 문명은 '오리엔트 문명'이야. 문명이란 사람이 만들어 낸 수준 높은 문화와 사회를 의미해. 도시를 만들고 돈을 쓰고 연극을 상연하는 등 사람들이 문화적인 생활을 누리는 상황을 말하지.

오리엔트 문명은 지금의 이집트와 서아시아 지역에서 일어난 문명인데, 지금으로부터 약 5,000년 전에 시작되었다고 해. 세계 4대 문명 중 이집트 문명과 메소포타미아 문명이 여기에 속해.

오리엔트 문명을 상징하는 대표적인 것은 무엇일까? 바로 이집트의 피라미드야. 왕의 거대한 무덤, 피라미드는 다들 알고 있지?

피라미드 안에 있는 벽화에는 많은 동물이 그려져 있는데, 거기에 개도 있어. 집에서 누구나 기르는 개의 모습이 아니라 신성한 신의 모습으로! 온몸이 검거나 머리만 검은 그 개의 이름은 '아누비스' 신이야.

이집트 사람들은 죽음이 끝이라고 생각하지 않았어. 육신

피라미드 벽화에 그려진 아누비스

은 이 세상에서 죽지만 '영혼'은 살아 있다고 생각했어. 그 영혼이 사후 세계에서 재판을 받은 뒤 다시 돌아와 부활하여 내세에서는 영원히 살 거라고 믿었단다. 그런데 다시 돌아오려면 '몸'이 있어야 하잖아. 그래서 왕의 시체를 미라로 만들어서 소중히 보존했어. 그 미라를 지키는 자가 바로 개 모습의 신인 아누비스야.

　죽은 사람을 묻을 때는 죽은 사람의 '영혼'이 죽은 뒤의 세계로 가는 과정을 그린 〈사자의 서〉라고 하는 두루마리를 함께 넣었어. 〈사자의 서〉에서 '죽은 자의 재판' 장면은 아주아주 유명해. 저승 세계의 신인 오시리스

죽은 자의 심장을 저울에 다는 아누비스, 〈사자의 서〉 중 '죽은 자의 재판'

앞에서 살아 있을 때 좋은 일을 했는지 나쁜 일을 했는지 재판을 받는 장면이야. 자세히 보면, 검은 머리의 신이 죽은 자의 심장을 저울에 달아서 판정하고 있어. 이때 양심을 상징하는 심장의 무게가 깃털보다 가벼우면 선한 사람으로 인정을 받지만, 깃털보다 더 무거울 경우엔 영원한 죽음을 맞이해야 한단다. 저울을 다는 검은 머리 신이 바로 아누비스야.

오시리스가 저승 세계에 와서 죽은 자의 신이 되기 전, 인간 세계에서 죽었을 때, 아누비스는 오시리스의 시체를 붕대로 감고 안 썩도록 해서 미라를 만들었다고 해. 이것이 이집트에서 처음 만든 미라라는 이야기가 이집트 신화에 전해 와. 이런 이야기 때문에 아누비스를 미라를 만드는 신이자 무덤의 수호신으로 여겼단다. 아누비스의 모습이 검은 것은, 어둠이나 암흑을 표현한 거라고 추측하지.

나일 강이 넘치는 것을 예고한 별, 시리우스

이집트의 나일 강은 자주 넘쳤어. 강물이 넘치면 피해가 아주 컸지. 그런데 나일 강이 넘치기 직전에는 항상 하늘에 밝은 별이 나타났어. 바로 '시리우스'라고 부르는, '큰개자리'에서 가장 밝은 별이야. 개는 자기 주인이 위험해지면 '멍멍' 짖어서 경고하잖아. 마찬가지로 큰개자리의 별인 시리우스도 밤하늘에서 밝은 빛을 내며 '이제 강물이 넘칠 테니 조심해라.' 하고 경고하는 거라고 생각했지. 그래서 이집트 사람들은 시리우스가 나타나면 나일 강의 범람에 대비했단다.

큰개자리에 대해서는 다음과 같은 이야기가 전해 와.

옛날에 '라이라프스'란 개가 있었어. 이 개는 한번 쫓기 시작한 것은 반드시 잡는 몹시 빠른 개였어. 어느 날 아무도 잡을 수 없는 아주 빨리 달리는 여우가 나타나서 마을을 쑥대밭으로 만들었어. 당연히 라이라프스가 질풍처럼 빠르게 그 여우를 쫓았지. 그런데 쫓기는 여우도 쫓는 개도 너무 빨라서 좀처럼 승부가 나지 않았어. 쫓고 쫓기는 달리기는 날마다 계속되어 언제 끝이 날지 알 수 없었지. 그러던 어느 날, 갑자기 하늘에서 번개가 떨어져서 여우와 개는 돌이 되어 버렸어. 그리스 신화에 나오는 최고신 제우스가 지칠 대로 지친 여우와 개가 둘 다 죽을까 봐 돌로 만든 거야. 그 뒤 마을 사람을 위해 용감하게 여우를 쫓은 라이라프스는 하늘로 올라가 큰개자리라는 별자리가 되었다고 해.

이 이야기 때문인지 영어로는 시리우스를 'dog star'라고도 한단다.

테오티우아칸의 쇼로이츠퀸틀

지금으로부터 약 1,500년 전, 오늘날의 멕시코 지역에 고대 도시 '테오티우아칸'이 번성했어. 지금도 그때의 유적이 남아 있는 이 고대 도시는 당시 중남미 대륙에서 가장 힘이 강했던 도시로, 피라미드와 신전도 있지.

이 고대 도시의 유적에 성스러운 동물로 개가 그려져 있는데, 이 개는 놀랍게도 털이 전혀 없었어. 당시 사람들은 이 개가 마력을 가졌다고 생각했어. 털이 없는 이 개를 안고 자면 아주 따뜻해서 관절염 같은 병이나 아픈 곳을 따뜻이 하는 치료에 효과가 있었거든. 그래서 제사 의식에도 이 개를 산 제물로 바쳤다고 해.

그뿐만이 아니야. 이 개를 죽은 사람과 함께 묻으면 다음 세계로 갈 때 그 사람을 지켜 준다고 생각했어. 도대체 어떤 개일까?

이 개의 이름은 '쇼로이츠퀸틀'이야. 아즈텍 말로 '쇼로'는 지하의 신 쇼로틀을 뜻하고 '이츠퀸틀'은 개를 뜻하니까, '지하 신의 개'라는 뜻이지.

음냐, 뼈마디 쑤시는 게 좀 나아졌네!

멕시코의 고대 도시 테오티우아칸의 피라미드

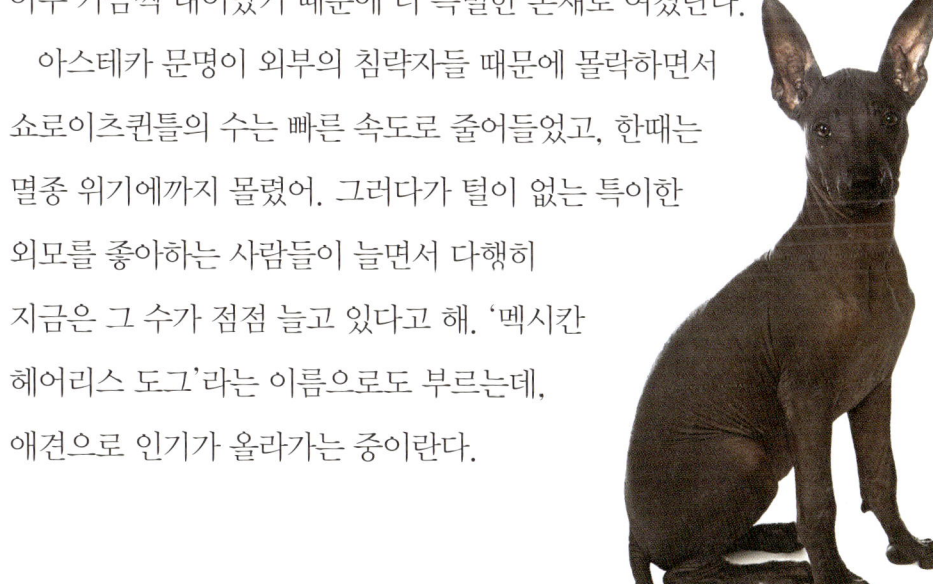

　쇼로이츠퀸틀 종류의 개가 모두 털이 없는 건 아니야. 털이 없는 어미 개가 털이 있는 새끼를 낳기도 하니까. 오히려 털이 없는 개는 일정한 비율로 아주 가끔씩 태어났기 때문에 더 특별한 존재로 여겼단다.
　아스테카 문명이 외부의 침략자들 때문에 몰락하면서 쇼로이츠퀸틀의 수는 빠른 속도로 줄어들었고, 한때는 멸종 위기에까지 몰렸어. 그러다가 털이 없는 특이한 외모를 좋아하는 사람들이 늘면서 다행히 지금은 그 수가 점점 늘고 있다고 해. '멕시칸 헤어리스 도그'라는 이름으로도 부르는데, 애견으로 인기가 올라가는 중이란다.

재앙을 쫓는 개

개 모양 토우

재앙을 쫓고 소중한 것을 지켜 주는 개

우리나라에서도 개를 특별한 존재로 여겼어. 개에게 재앙을 쫓아 주는 신비한 힘이 있다고 믿었으니까.

신라 시대의 토우를 보면 개 모양이 많아. 개가 사악한 귀신을 물리쳐 평안을 가져다준다고 믿어서, 토우를 개의 형상으로 다양하게 만든 거야. 토우가 뭐냐고? 토우는 사람이나 동물 모양을 흙으로 빚은 건데, 우리나라뿐만 아니라 이집트, 메소포타미아, 중국의 은나라 유적지 등 전 세계에서 다양하게 발견되고 있어.

귀신 잡는 개를 그린 '신구도(神狗圖)'라는 그림이 있어. 신구도에는 악귀들이 무서움을 느끼도록 개한테 눈을 세 개나 그려 넣었어. 그리고 '눈이 셋 달린 개는 삼재를 쫓는다.'라고 생각해 신구도를 부적으로 즐겨 사용했지. 삼재는 9년 단위로 인간에게 돌아온다는 세 가지 재난인데, 전쟁, 전염병, 굶주림을 소삼재라고 하고, 불, 바람, 물의 재난을 대삼재라고 한단다.

눈이 셋 달린 개가 그려진 신구도.
두 마리의 매가 중앙의 개를 향해 고개를 돌리고 있다.

또 우리 조상들은 개가 소중한 뭔가를 지켜 주는 각별한 힘을 가졌다고 생각했어.

고구려 각저총의 벽화에는 진돗개와 닮은 개가 그려져 있는데, 멋있는 목줄을 걸고 입을 크게 벌리고 있어. 무덤의 주인을 지키라고 이 개를 그린 거란다.

고구려 각저총 벽화의 개

숯불을 담아 놓는 화로에 개를 그리기도 했어. 옛날에는 집 안의 불씨가 꺼지지 않도록 지키는 일이 아주 중요했거든. 그래서 불씨를 지켜 주기를 바라는 마음으로 화로에 개를 그려 넣은 거야.

오래된 유물인 청동 거울에도 개가 두 마리 그려져 있어. 한 마리는 물을 마시고 있

화로, 대전향토사료관 소장

고 다른 한 마리는 말을 지키고 있어. 그 당시에 개가 말이나 염소 같은 가축을 지켜 주는 중요한 존재였다는 사실을 엿볼 수 있단다.

개가 지키는 것은 눈에 보이는 것뿐만이 아니었어. 개가 장식된 도장도 있었으니까. 우리 조상들은 개가 도장의 권위, 그러니까 도장 주인의 이름을 지켜 준다고 생각했단다.

청동 거울, 마사박물관 소장

중국 한자에 들어 있는 개

고대 중국에서도 개에게 재앙을 쫓는 힘이 있다고 믿었어. 그래서 각종 제례를 진행할 때 개를 제물로 바쳐서 점을 치기도 했어. 이러한 사실을 증명해 주는 한자가 있어. 바로 불에 탄다는 뜻을 가진 '燃(탈 연)' 자야.

우선 개를 뜻하는 한자인 '犬(개 견)' 자가 어떻게 생겼는지 보자. 한자는 사물의 모양을 본떠서 만든 상형 문자잖아. '犬' 자는 그림처럼 개가 앉아 있는 모양을 본떠 만들었어. '犬' 자 오른쪽 위의 작은 점은 개의 귀를 나타낸 거고.

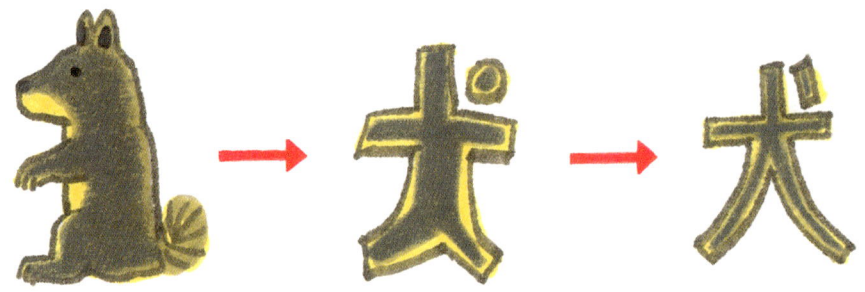

이제 '燃' 자를 자세히 살펴 봐. '燃' 자에는 개를 뜻하는 '犬' 자와 불을 뜻하는 '火' 자가 들어 있어. 불에 탄다는 한자 속에 어째서 개를 의미하는 '犬' 자가 들어 있을까? 이것은 제례를 진행할 때 개(犬)를 불(火)로 태웠다는 사실을 알려 주는 증거라고 볼 수 있단다. (그리고 '月' 자에는 '肉(고기 육)' 이란 의미도 있어.)

개를 조상이라고 생각한 사람들

우리나라에는 '단군 신화'가 있어. 곰이 우리의 조상이라는 이야기야.
세상에는 개를 조상이라고 생각하는 사람들도 있어. 물범, 바다코끼리 등을 즐겨 먹는 이누이트가 바로 그들이야. 이누이트는 러시아의 시베리아 동부, 미국의 알래스카 주, 캐나다 북부, 그린란드 등에 흩어져 사는 사람들이야. 개를 조상이라고 여기는 이누이트의 신화를 들어 봐.

단군 신화에서는 곰이 우리 조상이래!

이누이트들은 개를 조상이라고 생각해!

로마를 세운 로물루스도 늑대 젖을 먹고 자랐다지, 아마?

먼 옛날 아름답고 총명한 '세드나'라는 처녀가 있었어. 세드나의 아버지는 딸을 결혼시키려고 했지만, 세드나는 '누구의 신부도 되지 않겠다.'라며 버텼지. 화가 난 아버지는 벌을 주려고 세드나를 개와 결혼시켜 버렸어.

결혼식을 마친 세드나와 개는 작은 섬에서 함께 살면서 자식을 많이 낳았어. 개는 매일 바다를 건너 아버지 집에 다니면서 아내와 아이들이 먹을 양식을 마련했단다.

그러던 어느 날 한 젊은 남자가 세드나네 집에 와서 좋은 옷과 담요로 세드나를 꼬드겼어. 결국 꼬임에 넘어간 세드나는 그 남자를 따라 떠나 버렸어. 그 남자는 폭풍의 새인 앨버트로스였단다.

세드나가 없어진 것을 안 아버지는 세드나를 찾아 여기저기 돌아다니다가 드디어 세드나를 발견했어. 아버지가 세드나를 작은 배에 태워 데려가는데, 뒤늦게 그 사실을 알아차린 앨버트로스가 심한 폭풍을 일으켰어. 바다에 거센 파도가 일자 작은 배는 뒤집어질 듯 흔들렸고, 아버지는 앨버트로스가 딸을 다시 데려가려 한다는 것을 알았지. 무서워진 아버지는 세드나를 배에서 밀어 떨어뜨렸어. 죽지 않으려고 뱃전에 매달리는 세드나의 손가락까지 잘라 버렸단다. 결국 세드나는 깊은 바다에 가라앉았어.

"진짜 아내의 행방을 모르시나요?"

개는 집으로 돌아온 세드나의 아버지에게 자꾸 물었어. 자기가 세드나를 죽인 사실을 들킬까 봐 걱정이 된 아버지는 개도 바다에 던져 죽여 버렸어. 갑작스럽게 부모를 잃은 세드나네 아이들은 배를 만들어 타고 다른 섬으로 갔어. 이들이 바로 최초의 이누이트라고 해.

한편, 바다 밑에 가라앉은 세드나는 죽지 않았어. 세드나의 다리는 물고기처럼 변했는데, 고래 뼈와 돌로 바닷속에 집을 짓고 살면서 죽은 자의 관리자가 되었단다. 얼마 지나지 않아 세드나의 남편인 개도 세드나한테 왔어.

세드나의 복수였을까? 심한 파도가 세드나 아버지를 바다에 빠뜨려, 결국 아버지도 죽고 말았어. 세드나는 아버지가 바다 밑으로 오자 아버지를 자기 집에 가두어 두고 두 번 다시 밖으로 못 나가게 막았어. 남편인 개는 그 집을 지키는 문지기의 역할과, 죽은 자를 세드나가 있는 곳까지 내려오는 안내견의 역할을 했단다.

그런데 다른 이야기가 전해 오기도 해. 아버지가 스스로의 행동을 부끄럽게 여겨 세드나에게 사죄해서 사이좋게 지냈다는 이야기도 있고, 세드나가 고기를 너무 좋아해 부모님이 자고 있을 때 부모님의 손발을 먹어 버리려고(혹은 먹었다고) 했기 때문에 부모가 바다에 던져 버렸다는 이야기도 있어.

아무튼, 아버지가 잘라 버린 세드나의 손가락은 물범, 바다코끼리 같은 바다짐승이 되었어. 세드나는 자손인 이누이트가 먹을거리로 삼을 바다짐승을 마련해 준 거야. 그래서 이누이트는 세드나를 바다의 여신으로 숭배하며, 먹을거리를 마련해 준 데 대한 감사의 마음을 잊지 않는단다.

세계의 개 이야기

우리나라 토종개, 나와라!

옛날부터 한반도에는 여러 종류의 개가 우리 민족과 함께 살고 있었어. 특히 진도, 제주, 거제, 경주, 해남 등지에 순수 혈통의 토종개가 많았단다. 그런데 오늘날 한반도의 토종개라고 인정받는 개들은 진돗개, 풍산개, 삽살개, 그리고 얼마 전에 천연기념물로 지정된 경주개 동경이뿐이야.

오랜 세월을 거치면서 제주 지역에서 살던 제주개, 거제도에서 살던 거제개는 다른 개들과 섞여서 순종을 찾을 수가 없게 되었어. 옛이야기로 유명한 오수개도 멸종되어 지금은 볼 수 없고. 그나마 남아 있던 토종개들도

일제 강점기를 거치면서 거의 씨가 말라 버렸단다. 뒤늦게 이 개들을 복원하려고 노력하고 있지만, 아직 갈 길이 멀어.

우리나라 토종개의 역사를 살펴보려면 한반도에 우리 민족이 처음 정착한 때까지 거슬러 올라가야 해.

처음 한반도에 터를 잡고 살았던 조상은 원래 북쪽에서 내려온 사람들이었는데, 이들은 개도 데려왔어. 이때 들어온 개가 북방 계통의 개들이야. 오늘날의 사모예드, 시베리안 허스키, 유럽의 스피츠 같은 견종에 속하는 개들이지. 눈은 삼각형 모양으로 작은 편이고, 귀는 삼각형으로 쫑긋 서 있어. 추운 지방에서 사는 개들이라 털이 겉털과 속털이 있는 이중모란다. 이와 같은 북방 계통의 개들과 이미 한반도에 살고 있던 개들이 섞이면서 지금의 진돗개, 풍산개, 삽살개 등이 생겨났어.

우리나라 유적에 처음 개가 등장하는 것은 구석기 시대의 유적인 '동래 패총'이야. 패총은 먹고 난 조개껍데기가 쌓인 무더기인데, 여기서 개 뼈가 발굴되었어. 그중에서도 특히 흥미로운 것은 1세기경에 만들어졌다고 생각되는 '삼천포 늑도 고분'이야. 한반도에서 고구려, 백제, 신라, 가야가 발전하던 시기이지. 이곳에서 7마리나 되는 개 전신 유골이 발견됐어. 놀라운 것은 개들이 주인과 함께 매장되어 있는 점이야. 그리고 전부 수컷이었단다.

사천에 있는 늑도 유적지

늑도 고분에서 발굴된 개 뼈

역사 기록 속에 처음으로 우리 개가 등장하는 것은 중국의 아주 오래된 역사책인 《삼국지》 '위지 부여전'이야. 이 책에 부여의 관직 명칭으로 가축의 이름을 딴 마가(馬加), 우가(牛加), 저가(豬加), 구가(狗加) 등이 있다고 쓰여 있어. 여기에서 '구(狗)'가 바로 개를 가리키는 말이야. 고조선 동북부 지방에서 일어난 부족 국가 부여 시대에 이미 말, 소, 돼지와 함께 개를 중요한 가축으로 여기고 있었음을 알 수 있는 대목이지.

어떤 개가 토종개로 인정받는 걸까?

　현재 FCI(세계애견연맹)에 등록된 개의 종류는 모두 339종(2009년 6월 기준)이야. 등록이 안 된 개까지 합치면 세계에는 700~800종의 개가 있다고 해. 개의 종류가 이렇게 많아진 건 사는 곳의 기후나 길들인 사람의 목적에 따라 제각기 개량되었기 때문이야. 예를 들어, 사람이 안고 다닐 수 있는 작은 애완견을 태어나게 하려면 여러 종류의 개 가운데서 크기가 작은 종의 암수를 골라 새끼를 낳도록 유도한단다. 이런 일을 '교배'라고 해. 그렇게 태어난 개들 중에서 다시 작은 개들을 골라 또 새끼를 낳게 하고. 이런 일을 반복하면 작고 안기에 적합한 애완용 개가 탄생하는 거야.

　교배에 성공한 개를 '순수종'이라고 하는데, 순수종이 나오면 그 개만이 갖는 이상적인 몸매, 특징 등을 정한단다.

　우리 토종개들은 대부분 순수종으로 보호받기 전에 멸종하거나 다른 나라 개들과 섞여 잡종화가 되어 버렸어. 지금은 남아 있는 순수종이 더 이상 사라지지 않도록 토종개를 천연기념물로 지정하여 보호하고 있어. 동시에 우리 토종개의 원래 모습을 되찾는 일도 시작했고. 오래된 책이나 옛날 그림 등을 참고로 우리 개의 이상적인 몸매, 특징 등을 정하려 노력하는 거야. 그렇게 해서 순수종의 조건이 갖추어져야만 토종개라고 인정한단다.

교배를 통해 새로운 족의 개가 탄생한다.

한국을 대표하는 진돗개

진돗개는 우리나라 서남쪽에 위치한 진도에서 몇 세기 동안 순수성을 유지하며 살아온, 한국을 대표하는 개야. 우수한 사냥견으로 이름이 높은데, 1938년에 우리나라 개로는 처음으로 천연기념물로 지정되었어. 그뿐만 아니라 2005년에 세계 3대 애견 단체에 속하는 FCI(세계애견연맹)와 KC(영국 켄넬클럽)에 등록된 국제 공인견이야. 한국의 토종개가 수난을 받던 시절에도 우수한 사냥 실력과 탁월한 충성심 덕분에 그 순수성을 유지할 수 있었어.

천연기념물 제53호
머리는 위에서 보았을 때 역삼각형 형태이다. 눈은 윗선은 둥글고 아랫선은 약간 긴장된 삼각형의 윤곽을 이루며 눈초리가 위로 치켜 올라간다. 귀는 선 상태에서 전방으로 약간 숙여진 모양이고 꼬리는 힘차고 굵으며 선 꼬리, 말린 꼬리 등의 형태가 있다. 주인에게 아주 충실하다.
어깨높이 약 45~55cm **몸무게** 약 15~23kg

진돗개는 진도에만 살까?

진돗개는 이름에 '진도'라는 지명이 붙어 있지만 원래 진도에만 사는 개는 아니었어. 우리나라 어디서나 볼 수 있었고, 먼 옛날 우리 조상이 일본으로 건너갈 때도 같이 갔다고 해. 이 사실은 '기슈개' 같은 일본 토종개와 진돗개의 유전자가 아주 많이 닮았다는 것에서 알 수 있어.

옛날에는 이렇게 흔했던 진돗개가 지금은 왜 귀한 개가 되었을까?

그건 사회가 발달하고 여러 나라 사이의 교류가 활발해진 것과 관련이 깊어. 나라 사이의 이동이 많아지면서 사람들과 같이 다니는 개의 이동 범위도 넓어졌거든. 우리나라 개가 다른 나라로 건너가기도 하고, 다른 나라 개가 우리나라에 들어오기도 했지. 이 와중에 다른 나라에서 들어온 개가 우리나라 토종개인 진돗개와 섞이면서 순수종이 많이 사라져 간 거야.

다행히 진도는 바다로 둘러싸인 섬이어서 다른 개들이 쉽게 드나들 수 없었어. 그 덕분에 진도에서는 순수종에 가까운 진돗개가 혈통을 유지해 올 수 있었단다.

진돗개가 우수한 사냥개인 점도 혈통을 유지해 온 이유 중 하나야. 진돗개의 사냥 습성은 아주 유명해. 진돗개는 숲에 들어가 노루나 멧돼지 등을 사냥한 뒤 뺨에 피를 묻힌 채 주인을 찾아와. 그러면 주인은 진돗개를 따라 숲으로 들어가 죽은 동물을 가져오지. 놀라운 건 진돗개는 주인이 먹이를 주기 전에는 절대 자기가 사냥한 동물을 먹지 않는다는 거야. 이렇게 주인에게 충실했기 때문에 "진도에는 좋은 사냥개가 많다."는 소문이 퍼졌고, 사람들은 진돗개를 각별히 보호했어.

300킬로미터를 돌아온 진돗개 백구

1988년 진도의 박복단 할머니네 집에서 진돗개가 새끼를 낳았어. 그중 털이 하얀 암컷이 있었는데, 이 개의 이름이 백구야. 백구는 할머니네 가족과 함께 살다가, 어느 애견가의 눈에 띄어 다섯 살 되던 해에 대전으로 팔려 갔어. 백구는 대전에서 살게 됐지만 처음 태어난 할머니네 집을 그리워했어. 그러던 어느 날, 백구는 줄을 끊고 달아났어. 그리고 일곱 달 뒤에 할머니 집에 나타난 거야. 얼마나 고생을 했는지, 뼈와 가죽만 남은 수척해진 모습으로…….

백구는 어디를 어떻게 걸어서 할머니 집으로 돌아온 걸까? 그건 아무도 몰라. 그러나 대전에서 진도까지 300킬로미터가 넘는 길을 혼자서 산을 넘고 내를 건너 걸어 걸어 돌아온 것은 누구나 아는 진실이야.

다시 할머니 품에 안긴 백구는 정성스러운 보살핌을 받아 기력을 회복했어. 원래 주인과 다시 살게 된 백구는 열두 살이 되는 2000년 2월에 죽을 때까지 행복하게 살았어. 돌아온 백구 이야기는 동화와 애니메이션으로 만들어져서 널리 알려졌단다. 그리고 2004년에는 '돌아온 백구상'이라는 동상도 세워졌어.

진도에 있는 '돌아온 백구상'

뛰어난 사냥꾼 풍산개

풍산개는 1942년 우리나라에서 두 번째로 천연기념물이 된 개야. 북한 함경도 지방에서 오래전부터 길러 오던 토종개란다. '호랑이를 쫓는 개'라고 외국에까지 그 용맹성이 알려진 이름난 개지. 그런데 우리나라가 남북으로 갈라지면서 남한에서는 더 이상 풍산개의 모습을 볼 수 없게 되었고, 점차 사람들의 기억에서 사라졌어.

풍산개가 다시 남한에서 '부활'한 것은 2000년 남북 정상 회담이 있고 나서야. 남북의 정상이 서로 개를 교환했는데, 남한에서는 진돗개를 북한에서는 풍산개를 기증했단다. 이 사건을 계기로 풍산개는 우리들도 다 아는 개가 되었어.

북한의 천연기념물 제368호
눈은 둥글며 검은색이고 귀는 삼각형 모양인데 우뚝 서 있고 끝이 앞으로 굽었다. 꼬리는 말려 있다. 속털이 빽빽이 나 있으며 추위에 잘 견디고 용맹하여 적이 나타나면 앞장서서 싸운다. 몸집은 진돗개보다 크다.
어깨높이 55~60cm **몸무게** 20~30kg

풍산개는 정말 호랑이를 잡았을까?

1927년, 러시아의 생물학자 바이코프 박사는 풍산개를 이렇게 소개했어.

'만주 북방 지역과 조선 북부 지역에는 시베리안 라이카와 닮은 개가 있다. 그러나 아주 크지는 않다. 여러 자료아 정보에 띠르면 이 개는 생긴 지 오래되었고, 그 혈통은 여러 세기 동안 유지되어 왔다. 이 개의 털은 길지 않다. 폭이 넓은 이마, 아몬드 모양의 눈, 서 있는 큰 귀, 뾰족한 주둥이, 말려 올라간 모양의 꼬리, 다양한 털색 등이 이 개의 특징이다. 이 개는 크고 작은 동물을 발견하고 사냥하는 데 이용한다. 이 개는 사납고 튼튼하기 때문에 조선 북부에서는 호랑이를 사냥할 때도 이용한다.'

 풍산개는 생김새가 진돗개와 많이 닮았어. 선 귀, 말린 꼬리 등 북방견의 특징을 가지고 있었으니까. 이들도 진돗개와 비슷한 이유로 혈통을 유지했어. 풍산개가 주로 살던 한반도 북부는 높고 험한 산악 지대라 다른 지역과 왕래가 많지 않아서 다른 개와 섞일 일이 거의 없었거든. 또 호랑이 사냥에도 이용할 정도로 우수한 사냥개였으니 귀하게 보호했지.

남북 정상 회담에서 교환된 진돗개와 풍산개

> 안녕! 아저씨는 한국과 일본을 오가며 어린이를 위한 동물책을 쓰고 있단다.

2000년 6월에 열린 남북 정상 회담에서 유명한 스타가 된 것은 바로 남북의 정상이 서로 교환한 진돗개와 풍산개야.
2004년에 아저씨는 북한에서 기증받은 풍산개 '우리(수컷)'와 '두리(암컷)'를 만나기 위해, 일본에서 서울대공원 어린이 동물원을 방문했어. 과연 풍산개는 어떤 모습일까? 기대를 잔뜩 안고서.
저 앞에서 몸 전체가 하얀 털로 덮인, 치렁치렁한 꼬리를 휙 감아 올린 개가 사육사와 함께 이쪽으로 걸어왔어. 바로 알아보았지.
"풍산개입니까?" 하고 사육사에게 물었어.
"네, 정상 회담 때 온 우리입니다."
담당 사육사는 웃으며 산책이라도 시켜 보라고 내 손에 목줄을 쥐여 주었어!
아저씨는 가슴을 펴고 우리와 어린이 동물원을 한 바퀴 돌았지.
두리는 새끼를 낳은 지 얼마 되지 않아서 아쉽게도 만날 수 없었어. 그래서 다음 해에 두리를 만나러 다시 동물원을 찾았어. 사육사가 아저씨를 기억해 줘서 이번에도 두리와 함께 산책을 했단다.
김대중 대통령이 기증한 진돗개 '평화(암컷)'와 '통일(수컷)'이도 평양중앙동물원에서 건강하게 살고 있다고 해. 평화는 5년 동안에 통일이의 새끼를 35마리(2005년 12월 기준)나 낳았어.
우리와 두리, 평화와 통일이, 지금은 어떻게 지내고 있을까?

풍산개 우리와 함께

용감하고 싸움 잘하는 삽살개

삽살개는 털이 덥수룩한 털북숭이야. 털색에 따라 청삽살개와 황삽살개로 나누어져. 신라 시대 김유신 장군이 군견으로 싸움터에 데리고 다녔다는 전설이 전해 오고, 조선 시대 민화나 문배에도 많이 그렸을 정도로 우리 민족에게 많은 사랑을 받았어.

하지만 그 생김새 때문에 일제 강점기에 모진 고통을 받아 거의 씨가 마를 지경에까지 이르렀어. 다행히 삽살개를 지켜야 한다는 연구자들의 끊임없는 노력으로 마지막 남은 8마리에서 수가 크게 늘어나 1992년에 천연기념물로 지정되었단다.

천연기념물 제368호
털이 길어서 눈을 덮고 있는 것이 특징이다.
눈은 크고 둥글며 연한 갈색에서 짙은 갈색을 띤다.
귀는 누워 있는데, 긴 털 때문에 확인하기가
쉽지 않다. 속털은 짧고 부드러우며 숱이 많고,
겉털은 길고 두껍다. 인내심이 대단하다.
어깨높이 약 49~52cm **몸무게** 약 17~20kg

삽살개가 귀신을 쫓는다고?

삽살개에 대해 전해 내려오는 이야기가 또 있어. 신라 제33대 성덕왕의 장남으로 태어난 김교각은 716년에 당나라로 건너가 고명한 스님이 되었어. 그는 중생들의 삶을 구제하기 위해 애를 썼는데, 삽살개 한 마리를 데리고 당나라 안휘성 지역으로 가서 벼농사 짓는 법을 전했다고 해.

'삽살개'라는 이름에서 '살'은 귀신이나 액운, 즉 사람을 해치는 나쁜 기운을 말해. '삽'은 없앤다, 쫓는다는 뜻이고. 따라서 '삽살개'라는 말은 '악

귀를 쫓는 개'라는 뜻이야. 바로 이런 이유 때문에 신라 왕실에서는 삽살개를 소중히 여기며 귀하게 대접했단다.

그런데 신라가 멸망하고 고려가 시작되자, 일반 백성들도 삽살개를 키우기 시작했어. 조선 시대 후반에는 옆 그림처럼 삽살개가 그려진 문배가 유행했단다. 문배는 새해에 잡귀를 막기 위해 문에 붙이던 그림이야. 문배에 귀신을 쫓는다는 삽살개를 그려 넣은 것으로 보아, 조선 시대에는 삽살개가 완전히 서민적인 개가 되었다는 것을 알 수 있어.

삽살개 그림이 그려진 문배

꼬리가 없는 경주개 동경이

경주개 동경이는 꼬리가 없거나 아주 짧은 게 특징인 우리나라 토종개야. 고려 시대에는 경주를 '동경'이라고 불렀는데, 경주 지방에서 볼 수 있던 개라서 동경이라고 불렀다고 해. 5~6세기 신라 시대 고분에서 개 모양 토우가 여럿 출토됐는데, 꼬리가 없거나 아주 짧은 개 모습이 많았어. 또 우리나라의 오래된 책에도 꼬리가 없거나 짧은 개가 자주 나와.

우연히 토우와 아주 흡사한 개를 경주의 어촌과 시골 마을에서 키우고 있어서 2005년부터 동경이에 대한 본격적인 연구가 시작되었어. 7년간의 조사와 연구 결과, 드디어 2012년에 토종개로 인정되어 천연기념물로 지정되었단다.

천연기념물 제540호
겉모습은 진돗개와 비슷하지만 약간 작다. 꼬리가 없거나 5cm 이하로 아주 짧은 것이 특징이며, 뒷다리가 앞으로 밀 듯한 각도를 이루고 있다. 성질이 온순하고 사람의 말을 잘 따른다. 앞으로 연구가 더 진전되면서 그 모습이 고정될 것이다. 지금 지정받은 개들의 평균치는 다음과 같다.
어깨높이 44~50cm **몸무게** 14~18kg

신라 시대 토우

웰시 코기와 도베르만도 동경이처럼 꼬리가 없을까?

꼬리는 개의 특별한 특성 중 하나야. 주인을 향해 반갑게 달려들면서 꼬리부터 흔들잖아. 그런데 꼬리가 없다니! 꼬리 없는 동경이는 세계에서도 아주 희귀한 개야.

그런데 웰시 코기와 도베르만도 꼬리가 없어. 그렇다면 꼬리 없는 건 별로 드문 일이 아닌가? 아니야, 웰시 코기와 도베르만은 동경이처럼 태어날 때부터 꼬리가 없거나 짧은 것이 아니야. 어릴 때에 꼬리를 잘라 버리는 거야. 목장에서 일하는 목축견인 웰시 코기는 일하다가 소나 양에게 꼬리를 밟히지 않도록, 아픔을 덜 느끼는 시기에 꼬리를 잘라 버린다고 해. 집 지키는 개인 도베르만 역시 더 무섭게 보이도록 어릴 때 꼬리를 자른단다. 최근에는 웰시 코기가 실제로 목장에서 일하는 경우가 별로 없기 때문에 꼬리를 자르지 않는다고 해.

수난을 딛고 부활한 삽살개

우리나라에서 토종개가 많이 없어진 건 일제 강점기 때야. 그때 우리 토종개들은 많은 고통을 받았어.

"개도 나라에 훌륭한 도움이 됩니다. 헌납에 앞장섭시다."

제2차 세계 대전 당시, 일본 정부는 일본의 각 가정에서 키우던 개를 '공출(전쟁을 치르려고 물자를 바치게 하던 일)'이라는 명목으로 빼앗아 갔어. 공출된 개들 중 저먼 셰퍼드 도그 같은 용맹한 개는 전투용으로 훈련시켜 전쟁터로 보내고, 나머지는 죽여서 그 가죽으로 군복이나 군화를 만들었어.

일본의 사정이 이랬는데, 식민지였던 우리나라는 오죽했겠어? 조선 총독부는 1940년부터 본격적으로 우리 토종개를 해마다 10만 마리씩, 많을 때는 50만 마리씩 공출해 갔어. 총 150만~200만 마리를 죽여 그 가죽으로 방한복이나 군화를 만들었다고 해.

그 참혹한 상황에서도 다행히 화를 피한 개가 있었어. 바로 진돗개와 풍산개야. 진돗개는 귀가 쫑긋하고 꼬리가 말려 있잖아. 생김새가 일본의 기슈개와 많이 닮았어.

당시 일본은 '내선일체(일본과 조선은 한 몸이라는 뜻으로, 일본이 조선인의 정신을 말살하고 착취하기 위하여 만들어 낸 구호)'를 외쳤는데, 그 일에 이용하려고 진돗개와 풍산개를 천연기념물로 지정했어.

나머지 토종개들은 '잡종'이라며 '들개 사냥'이라는 이름으로 철저히 없앴단다.

특히 삽살개는 생김새 때문에 더욱 가혹하게 수난을 당했어. 삽살개는 털이 텁수룩한 털북숭이로, 일본 개와 닮은 구석이 전혀 없는 데다, 삽살개의 털은 방한용 군복이나 군화를 만드는 좋은 재료였으니까. 그래서 일제 강점기 이후 삽살개는 거의 흔적조차 찾아볼 수 없게 되었어.

해방이 되자 이번에는 서양 문화가 파도처럼 밀려들어 왔어. 그 파도를 타고 서양 개들이 많이 들어왔는데, 이때 그나마 남아 있던 토종개들도 잡종화되면서 순수성을 잃어버렸어.

"어딘가 삽살개가 살고 있을 거야. 꼭 찾아내고야 말겠어."

1969년 경북대학교의 탁연빈, 김화식 두 교수가 몇 년 동안 전국을 헤매고 다녔어. 지성이면 감천이라고, 두 사람은 외국 개와 섞이지 않았다고 판단되는 삽살개 30마리를 찾아내는 데 성공했어. 두 사람은 삽살개를 기르면서 얻은 연구 결과를 정리하며, 삽살개를 보호하자고 호소했어. 하지만 누구도 거들떠보지 않았지. 1972년 두 교수의 스승인 하성진 교수는 개를 키우는 데 어려움을 겪던 제자들의 삽살개 대부분을 넘겨받았어.

멸종을 눈앞에 두고 있던 삽살개를 구한 사람은 하지홍 교수야. 하성진 교수의 아들로, 1985년에 미국 유학을 마치고 돌아왔지. 하지홍 교수가 아버지의 목장에 돌아와 보니 남아 있던 삽살개는 고작 7~8마리뿐이었어. 그것도 순수종이 아니었어.

하지홍 교수는 목장 뜰에 말뚝을 박고 망을 두르고 개들이 살 수 있는 넓은 집을 만드는 일부터 시작했어. 또 전공인 유전 공학을 바탕으로 계획적으로 교배를 하여 순수한 삽살개를 키워 내기 위해 노력했지.

해마다 불어나는 개를 키우는 일이 얼마나 힘든 일인지 직접 해 보지 않으면 알기 힘들 거야. 먹이를 대는 비용도 만만치 않거든.

게다가 목장은 강변의 낮은 곳에 있어서 태풍의 피해도 컸어. 태풍 예보가 있는 날이면 개를 승용차 뒤 트렁크에 싣고 몇 번씩이나 비 피해가 적은 곳으로 옮기는 등 갖은 노력 끝에 삽살개는 150마리까지 불어났어.

우여곡절 끝에 하지홍 교수는 1989년에 삽살개를 천연기념물로 지정해 달라고 신청했어. 1992년 3월, 드디어 그간의 활동이 인정되어 삽살개는 천연기념물로 지정되었단다.

경산 삽살개 목장에 다녀와서

아저씨가 삽살개를 처음 알게 된 것은 2003년 말이야. 일본의 유명 신문인 '요미우리 신문'에 <멸종 위기에서 대부활 8마리 → 2,000마리>란 제목이 달린 큰 기사를 보자마자 한눈에 삽살개에 반해 버렸어. 삽살개에 대해 알고 싶고, 만지고 싶고, 함께 놀고 싶었어. 마침내 2006년 여름에 <세계아동문학대회>가 서울에서 열렸는데, 아저씨는 일본을 대표하여 논문을 발표하게 되었어. '됐다, 좋은 기회야!' 하고 대회에 앞서 삽살개 500마리가 살고 있다는 경산시의 삽살개 목장에 갔다 왔어!

목장 입구에서 두 마리의 삽살개가 나를 맞아 주었어. (청삽살개)

"어, 삽살개는 청삽살개와 황삽살개 두 종류가 있구나. 몰랐어!" (황삽살개)

"우아, 생각한 것보다 무척 크다!"

"야! 그렇게 마구 핥지 마."

아무 개나 삽살개라 부르지 못해.
옆에 있는 사진처럼
<한국삽살개보존회>가 발행하는
혈통서가 있어야 돼.
혈통서를 보면 한눈에 엄마 개와
아빠 개가 누군지 알 수 있어.
부모와 자신의 '유전자 지문'도 묻어 있어.

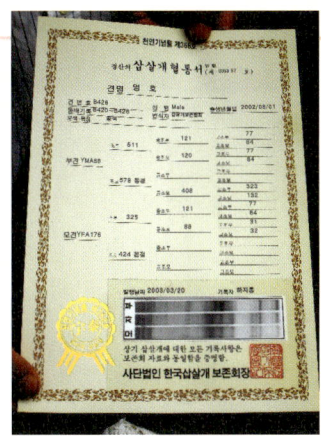

고맙게도 목장에서 삽살개가 훈련하는 모습을 보여 주었어.
놀고 싶어서 조련사 얼굴을 올려다보며 멍멍 짖고, 자꾸 뛰어다니던
삽살개가 조련사의 "기다려."라는 명령 한마디에 싹 달라졌지.
땅에 엎드린 채 꼼짝도 않다가, "가!"라는 명령을 받자 달리고,
"뛰어!"하면 둥근 바퀴를 훌륭하게 빠져나갔어. 와! 아저씨는
삽살개가 아주 영리한 개라는 걸 잘 알게 되었단다.

"와, 멋지다!"

세상의 개들, 모여라!

 이 세상에는 아주 작은 치와와에서부터 거의 송아지만 한 세인트버나드까지 무려 700~800종의 개가 있어. 인간이 필요에 따라 교배를 통해 새로운 종류의 개들을 계속 만들어 왔기 때문이야.

 이렇게 많은 개를 어떻게 살펴보지? 다 방법이 있어. 원래 개는 하는 일이 따로 있고, 그 일에 따라 개의 종류를 나누거든. 우리가 주변에서 흔히 보는 개는 대부분 애완용이지만 말이야. 그러니 세계 여러 나라에서 공통으로 분류하는 기준을 참고해서 개를 7가지 종류로 나누고, 거기에 속하는 대표적인 개를 만나 보면 돼.

가축을 돌보는 목양견과 목축견

목축견은 소나 양 등 가축을 돌보는 개를 말해. 그중에서 특별히 양을 지키는 개를 목양견이라고 하고.

목축견이 처음 활동한 곳은 중동 지방으로 알려져 있어. 이 지역에 있는 기원전 4300년쯤의 지층에서 양의 뼈와 함께 개 뼈가 자주 나오거든.

목축견 중에서도 콕 집어서 목양견이 생긴 것은, 한곳에 모여 있지 않고 자꾸만 흩어지는 양의 특징 때문이라고 할 수 있어. 양을 기르는 데 다른 가축보다 더 많은 일손이 필요했으니까.

초기 목양견은 도둑을 막기 위해 기른 번견(집을 지키거나 망을 보는 개)이었어. 이 개들은 몸집이 아주 컸지. 시간이 지나면서 좀 더 움직임이 활발하고 빠른, 크기가 작은 목양견이 생기기 시작했어. 이런 목양견들이 중동에서

유럽과 아시아로 널리 퍼져 나갔어. 오늘날에 활동하는 목양견의 조상이라고 생각되는 개도 벌써 기원전 2500년에 존재했다는 설이 있어.

유럽에서는 넓은 초원에서 활동하기 좋게 체력이 좋고, 사람의 지시에 따라 양이나 소를 솜씨 있게 몰아넣는 머리 좋은 개들이 많이 생겨났어. 잘 훈련된 목양견은 3~4마리만으로도 800~1,000마리의 양 무리를 몰 수 있었단다.

셔틀랜드 시프도그(Shetland Shipdog)
몸집은 작지만 열심히 일한다.
영리하고 활동적이다.
원산지 영국 **어깨높이** 33~41cm
몸무게 6~7kg

보더콜리(Border Collie)
목양견으로서 뛰어난 능력을 가지고 있어
세계 각지에서 사육된다. **원산지** 영국
어깨높이 53cm, 암컷은 수컷보다 작다.
몸무게 14~20kg

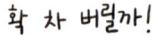

펨브록 웰시 코기
(Pembroke Welsh Corgi)
소를 지키는 목축견으로 유명한 개이다. 몸이 길고
다리는 짧지만 체력이 좋고 활동적이다. **원산지** 영국
어깨높이 25~30.5cm **몸무게** 10~13.5kg

코몬도르(Komondor)
늑대나 곰처럼 가축을 해치는
야생 동물을 물리치는 용감한 개이다.
새끼줄처럼 꼬인 털이 비바람이나 적의
공격으로부터 몸을 지켜 준다.
원산지 헝가리 **어깨높이** 55~80cm
몸무게 36~59kg

저먼 셰퍼드 도그(German Shepherd Dog)
목양뿐만 아니라 여러 가지 일을 할 수 있는 머리 좋은 개이다.
독일어로 셰퍼드는 '양치기'라는 뜻이다.
원산지 독일 **어깨높이** 55~65cm **몸무게** 26~38kg

콜리(Collie)
털이 긴 '러프'와 짧은 '스므스'가 있다.
미국에서 영화와 텔레비전 드라마로 만들어진
'돌아온 래시'로 세계적으로 알려진 개이다.
원산지 영국 **어깨높이** 56~66cm
몸무게 23~34kg

벨지안 셰퍼드 도그
(Belgian Shepherd Dog)
학습 능력과 상황 대처 능력이 뛰어나고 모습도 아름답다.
출신 지역에 따라 그로넨달, 테뷰런, 마리노이즈,
라케노이즈의 4가지 종류로 나누어진다.
원산지 벨기에 **어깨높이** 56~66cm
몸무게 약 28kg

오스트레일리언 캐틀 도그
(Australian Cattle Dog)
난폭한 소를 잘 다룰 수 있도록 개량된 개이다.
인내심이 강하며 움직임이 재빠르다.
원산지 오스트레일리아 **어깨높이** 43~51cm
몸무게 16~20kg

목양견 덕분이야

프랑스의 화가 장 프랑수아 밀레는 '농부의 화가'라고 알려진, 세계적으로 유명한 화가야. 밀레는 성실하게 일하는 농부들의 모습을 사실적으로 그렸어. 〈씨 뿌리는 사람〉, 〈만종〉, 〈이삭 줍는 여인들〉 같은 그림을 다들 한 번쯤은 보았을 거야.

〈양치는 소녀와 양 떼〉는 1864년에 그린 작품이야. 당시 살롱전에 출품해서 '걸작'이라는 평가를 빚고 정부에서 주는 상까지 받았다고 해. 소녀가 풀을 뜯는 양 떼 사이에서 홀로 뜨개질을 하고 있어. 고요하고 평온한 목장의 분위기가 그대로 전해 오네.

아! 소녀 뒤에 있는 목양견이 보이지? 혼자서 수많은 양 떼를 지키고 있어. 꼼짝 않고 말이야. 그래서 소녀가 저렇게 뜨개질에 몰두할 수 있었구나!

〈양치는 소녀와 양 떼〉, 장 프랑수아 밀레, 오르세 미술관

새 사냥을 도와주는 새 사냥견

중세 유럽에서는 넓디넓은 토지를 가진 귀족들이 취미로 사냥을 즐겼어. 귀족들의 사냥에는 언제나 사냥을 도와주는 개가 함께했어. 우수한 사냥개는 귀족들의 자랑거리였단다.

그런데 총이 발명되면서 귀족들의 사냥 모습이 크게 달라졌어. 멀리에서도 총을 쏘아 새를 쉽게 잡을 수 있게 되었거든. 그에 따라 새 사냥견의 일도 달라졌어.

새 사냥견이 하는 일에는 크게 두 가지가 있는데, 하는 일에 따라 개의 종류도 달랐어. 하나는 덤불에서 사냥감을 찾아내 주인에게 알린 뒤, 주인이 신호를 하면 새를 날아오르게 하는 일이야(1). 다른 하나는 주인이 총으로 쏴서 떨어뜨린 사냥감을 주워 오는 일이야(2). 새 사냥을 돕는 개들은 직접 사냥감을 잡는 것이 아니라서 공격성이 낮고 성격도 온화한 편이야.

잉글리시 포인터(English Pointer)
'포인터'는 사냥감을 발견하면 코, 꼬리, 다리 등을 올려서 알리는 특성이 있는 개이다. (1)의 일을 한다.
원산지 영국 **어깨높이** 58~71cm
몸무게 25~34kg

아이리시 세터(Irish Setter)
'세터'는 사냥감을 발견하면 엎드려서 사냥감의 위치를 알리는 특성이 있는 개이다. (1)의 일을 한다.
원산지 아일랜드
어깨높이 64~69cm
몸무게 27~32kg

래브라도레트리버(Labrador Retriever)
'레트리버'는 물에 뛰어들어 사냥감을 가져오도록 개량된 개이다. (2)의 일을 한다.
원산지 영국
어깨높이 55~62cm
몸무게 25~34kg

아메리칸 코커스패니얼 (American Cocker Spaniel)
'스패니얼'은 스페인, '코커'는 새의 한 종류인 '멧도요'라는 뜻이다. (1)과 (2)의 일을 모두 한다.
원산지 미국
어깨높이 36~38cm
몸무게 11~13kg

잉글리시 스프링어 스패니얼
(English Springer Spaniel)
'스프링어'는 '소용돌이처럼 탄력이 있다.'라는 뜻이다.
사냥감을 잘 날아오르게 하므로 이런 이름이 붙었다.
아주 빠른 속도로 사냥감을 몰아내거나 날아오르게 한다.
(1)의 일을 한다.
원산지 영국 **어깨높이** 48~51cm **몸무게** 22~25kg

골든레트리버(Golden Retriever)
황금색의 긴 털을 가지고 있으며,
털은 물을 잘 튀겨 내고 찬 물속에서도
잘 견딜 수 있다. (2)의 일을 한다.
원산지 영국 **어깨높이** 51~61cm
몸무게 25~34kg

잉글리시 세터(English Setter)
명주실 같은 아름다운 긴 털을 가지고 있다.
사냥을 아주 좋아한다. (1)의 일을 한다.
원산지 영국 **어깨높이** 61~64cm **몸무게** 25~30kg

와이머라너(Weimaraner)
회색의 짧은 털이 특징이다. 새 사냥뿐만 아니라
멧돼지, 사슴 등의 사냥에도 능숙하다. (1)의 일을 한다.
원산지 독일 **어깨높이** 약 70cm **몸무게** 25~38kg

포인터는 뭘 하고 있을까?

　아래 그림은 1724년 프랑스의 화가 알렉상드르 프랑수아 데포르트가 그린 그림이야. 동물 그림을 잘 그렸던 데포르트에게 왕이나 귀족들은 자신의 사냥개를 그려 달라고 부탁했어. 데포르트는 사냥개를 그리기 위해 귀족들이 사냥하는 곳에 따라가서 사냥개가 사냥하는 모습을 관찰했다고 해.
　자, 이 그림의 주인공인 사냥개 포인터가 장미꽃이 활짝 핀 곳에서 뭘 하고 있는지 볼까? 아, 사냥한 짐승들을 지키고 있구나! 사냥개들은 주로 주인의 사냥을 돕다가 사냥이 끝난 뒤에는 사냥감을 지키는 일을 했단다.

〈장미 넝쿨 근처에서 사냥감을 지키는 개〉, 알렉상드르 프랑수아 데포르트, 루브르 박물관

동물 사냥을 도와주는 사냥견

주로 '하운드'라고 부르는 개들을 말해. 영어로 '하운드'는 '사냥을 하다.'라는 뜻이야. 고대 이집트 시대부터 길러 온 아프간하운드, 고대 그리스에서 토끼를 잡는 데 이용한 개의 후손이라고 하는 비글, 중세 유럽에서 사냥감의 종류에 맞게 개량된 개들이 모두 여기에 속해.

몸집이 큰 사슴, 곰, 멧돼지 같은 사냥에는 몸집이 큰 사냥개를, 몸집이 작은 토끼, 여우, 오소리 같은 사냥에는 몸집이 작은 사냥개를 이용했어. 후각이 발달하여 냄새를 맡아 사냥감을 찾는 개(1)와 뛰어난 시각을 이용해 사냥감을 뒤쫓는 개(2)가 있어.

비글(Beagle)
주로 토끼를 찾는 일을 한다.
아주 먼 거리를 달릴 수 있다.
(1)에 속한 개 가운데서 가장 작다.
원산지 영국 **어깨높이** 33~41cm **몸무게** 18~27kg

바셋하운드(Basset Hound)
다리가 짧고 배가 땅에 붙을 만큼 몸체가 낮다. 피부가 축 늘어진 것이 특징이다. (1)에 속한 개 가운데서도 특별히 후각이 뛰어나다.
원산지 프랑스 **어깨높이** 33~38cm
몸무게 18~27kg

미니어처 닥스훈트(Miniature Dachshund)
몸통이 길고 다리가 짧은데,
땅에 구멍을 파고 사는 오소리를
사냥하기 위해서 개량되었다.
(1)에 속한 개이다. 크기와 털의 질에 따라
3종류로 나뉜다.
원산지 독일 **어깨높이** 21~27cm
몸무게 4.8kg 이하

아프간하운드
(Afghan Hound)
역사가 아주 오래된
개이다. 말보다 빨리
달린다. (2)에 속한
개이다.
원산지 아프가니스탄
어깨높이 65~74cm
몸무게 23~27kg

아이리시 울프하운드(Irish Wolfhound)
늑대로부터 가축을 지키기 위해 개량되었다.
개 중에서 어깨높이가 가장 높다. (2)에 속한 개이다.
원산지 아일랜드 **어깨높이** 76~86cm **몸무게** 48~54kg

보르조이(Borzoi)
'보르조이'는 러시아 어로 '날렵하다'는 뜻이다.
과거에는 '러시안 울프하운드'라고 불렸다. (2)에 속한 개이다.
원산지 러시아 **어깨 높이** 66~71cm **몸무게** 26~48kg

살루키(Saluki)
개 중에서 가장 오래된
종류라고 추측하는 개이다.
가는 몸매와 긴 털이 있는
늘어진 귀가 특징이다.
(2)에 속한 개이다.
원산지 중동(이란, 이집트 등)
어깨높이 58~71cm
몸무게 20~30kg

그레이하운드(Greyhound)
고대 이집트 벽화나 조각에서 원형을 찾아볼 수 있는 오래된 개이다.
개 중에서 가장 빠르다. 토끼 사냥에 주로 이용했다. (2)에 속한 개이다.
원산지 이집트 **어깨높이** 68~76cm **몸무게** 27~32kg

닥스훈트의 다리가 짧은 이유

　닥스훈트는 생김새가 아주 독특해. 몸길이가 어깨높이의 두 배나 되거든. 최근에는 몸집이 작은 닥스훈트가 애완견으로 인기가 많아. 하지만 원래 닥스훈트는 당당한 사냥견이었어. 독일어로 '훈트'는 영어의 '하운드'와 뜻이 같은 '사냥하다'라는 의미야. 후각이 특별히 발달한 개로 이름난 프랑스의 바셋하운드와 조상이 같을 거라고 생각한단다.
　'닥스훈트'에서 '닥스'는 오소리를 뜻해. 즉 닥스훈트는 냄새로 오소리를 찾는 사냥견이야. 오소리는 농작물을 해치는 데다, 그 가죽이 비싼 가격으로 팔렸기 때문에 옛날에는 오소리 사냥을 많이 했어.
　오소리는 주로 밤에 활동하는 야행성 동물이라서 낮에는 굴에 숨어 있어. 몸집이 큰 편인 오소리를 쫓으려면 닥스훈트도 오소리만큼 몸집이 커야 했지. 그래서 초기의 닥스훈트는 몸집이 지금보다 컸고, 몸무게도 15kg이나 되었단다. 그런데 몸집이 크면 오소리가 집으로 삼는 작은 굴에 들어갈 수가 없잖아. 그래서 오소리 굴에 들어가기 쉽게 하려고 다리가 짧은 오늘날의 모습으로 변해 간 거야.

쥐 같은 작은 동물의 사냥을 도와주는 테리어

테리어는 옛날부터 잉글랜드와 스코틀랜드 등지에 살던 개들이야. 독일의 미니어처 슈나우저를 빼면 원산지는 거의 영국이지. '테리어'는 라틴 어로 '흙'이라는 뜻이야. 말 그대로 땅을 파서 농작물에 피해를 주는 들쥐, 족제비, 두더지, 토끼, 여우, 수달 같은 작은 동물을 사냥하던 사냥개야.

오늘날 테리어는 모양과 크기가 아주 다양해졌어. 애완견처럼 예쁘게 생기고 얌전한 것도 있지만 원래 사냥개였던 터라 대부분은 성격이 밝고 행동이 활발하단다. 사냥감을 발견하면 끝까지 쫓는 훌륭한 사냥개이지.

요크셔테리어(Yorkshire Terrier)
영국의 요크셔 지방에서 만들어진 개로,
테리어 가운데 가장 작다.
주로 들쥐를 잡았다.
원산지 영국 **어깨높이** 23cm 전후
몸무게 3kg 이내

잭 러셀 테리어
(Jack Russel Terrier)
영국의 잭 러셀 목사가 만든 개이다.
사냥감을 빠르고 끈기 있게
쫓는다. **원산지** 영국
어깨높이 25~38cm
몸무게 4.5~6.8kg

와이어 폭스테리어
(Wire Fox Terrier)
여우 사냥을 하던 개이다.
털이 바늘처럼 뻣뻣하다.
암컷은 약간 작다.
원산지 영국
어깨높이 39cm 전후
몸무게 7~8kg

에어데일테리어(Airedale Terrier)
테리어 가운데 가장 커서 '테리어의 왕'이라고
부른다. 수달 사냥을 주로 했다.
원산지 영국 **어깨높이** 56~61cm **몸무게** 20~30kg

스카이 테리어(Skye Terrier)
스코틀랜드의 스카이 섬 등에서 오랫동안
길들여 온 개이다. 주로 오소리나 수달을
사냥했고, 몸통이 길고 다리가 짧다.
원산지 영국 **어깨높이** 24~26cm
몸무게 8.5~10.5kg

웨스트 하이랜드 화이트 테리어
(West Highland White Terrier)
사냥을 할 때 실수로 총을 맞는 일이 없도록
눈에 잘 띄는 새하얀 털을 가진 종으로 만들어졌다.
다리가 짧다.
원산지 영국 **어깨높이** 25.5~28cm
몸무게 7~10kg

스코티시 테리어
(Scottish Terrier)
굴이나 작은 구멍 속에 있는
동물을 사냥하기 위해
개량된 종으로 다리가 짧다.
털이 뻣뻣하고 눈썹과 수염이 있다.
원산지 영국 **어깨높이** 25.5cm
몸무게 8~10kg

미니어처 슈나우저
(Miniature Schnauzer)
농장에서 쥐를 잡는 데 크게 활약했다.
'슈나우저'는 독일어로 '턱수염'을 뜻하는데,
이름만큼 많은 수염이 특징적이다.
슈나우저 종은 크기에 따라 미니어처,
스탠더드, 자이언트의 3종류가 있다.
원산지 독일 **어깨높이** 30~35cm
몸무게 6~7kg

테리어일까, 애완견일까?

플랑드르(오늘날의 벨기에)의 대표적인 화가인 얀 반 에이크가 1434년에 그린 아래 그림 〈아르놀피니의 결혼〉은 그 당시 유럽의 결혼식 모습을 알려 주는 유명한 작품이야. 남자는 오른손을 들고, 여자는 왼손을 몸에 대고 결혼 서약을 하고 있어.

주인공의 발밑에 있는 강아지를 좀 볼까? 서양에서는 그림에 나타난 개의 의미를 '충성'이라고 해석해. 이 그림에서도 개는 부부의 사랑에 대한 충성을 상징한단다.

그런데 궁금한 게 있어. 과연 이 개는 무슨 종류일까? 집에서 길들인 애완견인 것 같은데 말이야……. 벨기에에는 '그리펀'이라고 하는 털이 뻣뻣한 토종개가 있었어. 그리펀은 쥐를 잡는 데 아주 뛰어난 테리어였지. 그런데 시간이 흐르면서 다른 지방에서 들어온 여러 개와 뒤섞였어. 그러다가 벨기에 왕실과 귀족들로부터 크게 사랑받은 애완견인 '브뤼셀 그리펀'이 생겨났어. 그림에 나온 개를 브뤼셀 그리펀의 선조 개라고 생각하는 사람이 많아. 오늘날 애완견으로 인기가 좋은 브뤼셀 그리펀도 원래는 쥐를 잡던 테리어였다는 이야기이지.

〈아르놀피니의 결혼〉,
얀 반 에이크,
런던 내셔널 갤러리

여러 가지 일을 하는 사역견

옛날부터 개들은 무리 지어 사냥을 하고, 적으로부터 자기 영역을 굳건히 지켰어. 이렇게 개가 원래 가지고 있는 습성을 이용해서 사람의 일을 돕도록 길들인 개가 바로 사역견이야. 집을 지키거나 망을 보는 개, 지진이나 사고가 난 곳에서 사람을 구하는 개, 산에서 조난당한 사람을 구하는 산악 구조견, 썰매나 짐수레를 끌어 주는 개도 사역견이야. 성격이 거친 개들은 싸움터에 나가서 군견으로 일했지.

사역견은 위험하거나 큰 힘이 필요한 일을 하는 개이기 때문에 대부분 몸집이 커. 오늘날에는 옛날처럼 개들이 많은 일을 하지는 않지만, 여전히 세계의 여러 일터에서 사역견들이 활동하고 있어.

시베리안 허스키(Siberian Husky)
개 썰매를 끈다. 추위에 강하고 울부짖는 소리가
쉰 목소리처럼 들려 허스키라고 한다.
원산지 시베리아, 미국 **어깨높이** 51~60cm **몸무게** 16~27kg

뉴펀들랜드
(Newfoundland)
물에 빠진 사람을
구하는 일을 한다.
앞 발가락 사이의 피부가
물갈퀴처럼 늘어나
헤엄을 아주 잘 친다.
원산지 캐나다 **어깨높이** 66~71cm **몸무게** 45~68kg

세인트버나드(Saint Bernard)
산에서 조난당한 사람을 구하는 일을 한다.
몸이 크며 성질이 아주 온화하다.
원산지 스위스 **어깨높이** 암컷 65cm 이상, 수컷 70cm 이상
몸무게 50~91kg

도베르만(Dobermann)
독일 사람인 도베르만이
만든 개이다.
경계심이 강하고 용감해서
군용견, 경찰견,
경비견으로 활약한다.
원산지 독일
어깨높이 61~71cm
몸무게 30~40kg

로트와일러(Rottweiler)
로마 시대 때부터 길들여 온 오래된 개이다. 목축견으로 활약하다가 지금은 경찰견, 군견 등으로 활약하고 있다.
원산지 독일 **어깨높이** 56~69cm
몸무게 41~59kg

사모예드(Samoyed)
시베리아 지방에 살던 유목민인 사모예드 족이 오래전부터 길들여 온 개이다. 개 썰매를 끌거나 순록 사냥 등에 쓰였고 털이 새하얗다.
원산지 러시아 **어깨높이** 48~60cm
몸무게 19~30kg

티베탄 마스티프(Tibetan Mastiff)
티베트의 험난한 지형과 기후에 잘 적응하기 위해 크고 튼튼한 신체를 가졌다. 몸집이 큰 개의 원형이라고 할 만큼 오래된 개이다. 우수한 군견으로 세계적으로 유명하다.
원산지 중국 **어깨높이** 61~71cm **몸무게** 64~82kg

복서(Boxer)
독일에서 최초로 경찰견, 군견으로 활약한 개이다. 싸울 때 두 발로 서서 '복싱'을 하는 것 같다고 해서 복서라는 이름이 붙었다는 설이 있다.
원산지 독일 **어깨높이** 53~64cm
몸무게 25~32kg

'세인트버나드'라는 이름에 깃든 따뜻한 이야기

　세인트버나드는 원래 알프스의 '생베르나르'라는 한 수도원에서 키우던 개야. 이 수도원은 11세기에 프랑스의 사제인 베르나르 드 베르나르가 사람들을 구하기 위해 세웠단다. 높고 험한 알프스 산맥은 눈보라와 눈사태가 자주 일어나는 위험한 곳이었거든. 그래서 이곳을 넘는 여행객이 쉬어 갈 수 있도록 수도원을 쉼터로 만든 거야.
　베르나르의 바람대로 많은 여행객이 이곳에 와서 휴식을 취하고, 안전하게 산행을 할 수 있었지. 그러다가 17세기 중반부터 이 수도원에서는 아예 산악 구조견의 역할을 할 개를 키웠어. 산악 구조견들의 목에 달린 작은 나무통에는 술이 들어 있었어. 이 술은 조난자의 몸을 따뜻이 하는 데 이용됐지. 이 개들이 지금까지 2,500여 명이나 되는 조난자를 구했다고 해.
　그 개들 중에서도 특히 유명한 개가 '바리'야. 놀라지 마! 바리는 혼자서 40명이나 되는 사람을 구했어. 바리는 1815년에 죽었지만, 베른의 박물관에 가면 박제로나 만날 수 있어. 1884년부터는 여기서 활약하는 산악 구조견의 이름을 수도원의 이름을 따서 '세인트버나드'라고 불러. '생베르나르' 수도원을 영어로 읽으면 '세인트버나드'거든.

특별한 사랑을 받은 애완견

사람들은 처음에는 주로 사냥견이나 번견으로 이용하려고 개를 길들였어. 때로는 전쟁터에서 병사를 돕는 일도 시켰지. 그러다가 차츰차츰 가까이 두고 귀여움과 사랑을 주는 애완의 목적으로 개를 키우기 시작했단다. 초기의 애완견은 왕이나 귀족 같은 상류 계급의 사람들만 길렀어. 일반 사람들이 널리 애완견을 키우기 시작한 건 훨씬 나중의 일이야.

애완견은 실내에서 키울 수 있게 몸집이 작고 안기 쉽도록 만들어졌어. 게다가 애완견 중에는 원산지의 문화, 풍토에 적응된 희귀한 개가 많았어. 그래서 다른 나라와 우호와 친선을 다지기 위한 선물로 주고받기도 했지. 사냥견이나 번견으로 활약했던 개들 중에서 생김새가 아름다워 애완견으로 개량된 개가 많아.

아유, 귀여워라!

치와와(Chihuahua)
세상에서 가장 작은 개이다.
몸집이 작고 눈이 크고 예쁘다.
원산지 멕시코 **어깨높이** 15~23cm
몸무게 2.7kg 이하

시추(Shih Tzu)
중국의 황제들이 키우던 개이다.
엉덩이를 흔들면서 걷는 게 특징이다.
원산지 중국 **어깨높이** 27cm 이하
몸무게 8kg 이하

파피용(Papillon)
프랑스의 귀족들이 키우던 개이다.
귀가 나비처럼 생겨서 파피용(프랑스 어로
나비라는 뜻)이라고 한다.
원산지 프랑스, 벨기에
어깨높이 20~28cm
몸무게 4~4.5kg

몰티즈(Maltese)
흰 털이 인상적인 개이다.
역사가 3,000년이
넘으며 '개의 귀족'
이라고도 한다.
원산지 이탈리아
어깨높이 25cm
몸무게 1.5~3kg

포메라니안(Pomeranian)
포메라니안 지방(지금의 독일과 폴란드 북부 지역)에서 키워 온 개이다. 폭신폭신한 긴 털이 특징이다.
원산지 독일 **어깨높이** 20cm
몸무게 1.5~3kg

퍼그(Pug)
주름이 많은 얼굴이 특징인 개이다. 1860년대 영국이 중국을 침략했을 때 페키니즈와 함께 영국으로 가져가면서 세계적으로 알려졌다.
원산지 중국 **어깨높이** 25~28cm
몸무게 6.5~8kg

카발리에 킹 찰스 스패니얼
(Cavalier King Charles Spaniel)
1920년대에 개량된 소형 애완견으로 영국의 왕 찰스 2세가 아주 사랑한 개인 킹 칠스 스패니얼과 구분하기 위해 앞에 카발리에가 붙었다. '카발리에'는 '기사(knight)'라는 뜻이다.
원산지 영국 **어깨높이** 31~33cm
몸무게 5.4~8kg

페키니즈(Pekinese)
8세기 당나라 기록에도 등장하는 오래된 개이다. '사자개', '태양개'라고도 하는 신성한 개이며 황제가 소매에 넣고 다녔다고 한다.
원산지 중국 **어깨높이** 20cm 전후
몸무게 3.2~6.5kg

신라가 일본에 보낸 '친'

애완견인 '재퍼니스 친'은 일본 개로는 처음으로 국제 공인된 일본 고유의 개야. 그런데 친은 원래 신라가 일본에 선물했다고 해. 일본의 아주 오래된 책에 '732년에 신라에서 보내왔다.'라고 쓰여 있고, 발해가 친을 일본에 보냈다는 기록도 남아 있어.

친이 어떻게 해서 신라에 살고 있었는지는 아직 몰라. 티베트 지방에서 중국을 거쳐 신라로 들어온 것이 아닐까 추측할 뿐이야.

어쨌든 신라에서 일본으로 간 친은 일본 귀족들에게 아주 많은 사랑을 받았어. 친을 맡아 돌보는 의사까지 있어서 당시에는 "차라리 친이 되고 싶다."라는 농담을 할 정도였다고 해.

1853년 친은 일본에 온 미국의 페리 제독을 따라 바다를 건너갔어. 페리 제독은 개를 몹시 사랑한 영국의 빅토리아 여왕에게 친을 보냈단다. 미국과 영국으로 간 친이 개량되면서 오늘날의 모습이 되었어. 그리고 1870년대에 영국에서 정식 종견으로 승인받았단다.

김홍도가 그린 개는 시추?

〈들밥〉의 개

김홍도는 조선 후기에 풍속화를 발전시킨 화가야. 김홍도는 백성들의 생활 속에서 흔히 볼 수 있던 개를 자연스럽게 그림 속에 담았지.

〈들밥〉에는 사람들 곁에 조용히 앉아 있는 개가 그려져 있어. 아마도 사람들이 먹다가 남긴 것을 얻어 먹으려고 기다리는 것 같아.

〈경작도〉에도 밭갈이하는 주인 뒤를 따르는 개가 있지. 사람들 곁에 개가 있었고, 개가 사람들과 함께 살아왔다는 걸 알려 준단다.

〈모구양자도〉에는 새끼를 바라보는 어미 개의 따뜻한 표정이 잘 살아 있어. 그런데 이 개는 시추를 많이 닮았어.

원래 애완견은 왕실이나 귀족들이 주로 길들여 키웠는데, 나중에는 일반 백성도 키울 수 있었지. 조선 시대에 그려진 그림들을 통해 그 사실을 알 수 있어.

〈모구양자도〉, 김홍도, 간송미술관

이암의 모견도에 그려진 목줄

조선 전기에 활동했던 화가 이암의 대표적인 작품인 〈모견도〉는 나무 그늘에서 어미 개가 강아지에게 젖을 먹이는 장면을 그린 그림이야. 어미의 앞다리를 파고드는 강아지와 어미 등 위에서 자는 강아지, 맹렬하게 젖을 먹는 강아지의 대비되는 모습이 인상적이지. 이렇게 강아지들이 바짝 붙어 있지만 어미는 귀찮은 내색 하나 없이 사랑스럽다는 듯 새끼를 돌보고 있어.

그런데 이 그림에서 어미 개의 목에 달린 큰 목줄을 잘 봐. 금속 방울이 달린 붉은 목줄이야. 이 그림은 16세기에 그려졌어. 지금으로부터 500여 년 전의 그림이지. 그런데 오늘날 쓰이는 것과 거의 같은 화려한 목줄을 차고 있어. 아마 궁궐이나 큰 세도가가 기르던 개가 틀림없을 거야.

그 시기에 개에게 이런 근사한 목줄을 걸어 주는 풍습이 있었다는 걸 엿볼 수 있어.

〈모견도〉, 이암, 국립중앙박물관

일반 가정에서 키우는 가정견과 비사냥견

지금까지 소개한 여섯 가지 무리에 속하지 않는 개들이야. 주로 가정에서 키우기 쉽게 개량한 개들인데, 애완견과 번견의 중간 단계 개들이 여기에 속해. 예를 들어, 푸들은 털이 아름다운 멋진 개야. 하지만 원래 사냥개인 푸들은 애완견으로 삼기엔 너무 컸지. 지금은 가장 작게 개량된 토이 푸들이 애완견으로 인기가 좋아. 불도그는 소와 싸움을 시키기 위해 만든 '투견'이었어. 하지만 지금은 거의 모든 나라에서 개를 싸우게 하는 투견이 금지되었기 때문에 그 일을 하지 않는단다.

달마티안(Dalmatian)
말과 함께 달리기를 잘해서 마차의 경비견으로 활약했다.
바탕의 물방울무늬가 화려하고 어둠 속에서도 눈에 잘 띄어 마차를 몰기에 좋았다.
원산지 크로아티아 **어깨높이** 48~58cm **몸무게** 23~25kg

불도그(Bulldog)
소와 싸우게 하려고 만든 투견이다.
소를 물고도 숨을 쉴 수 있도록
코가 위를 보고 있다.
원산지 영국
어깨높이 31～36cm
몸무게 22.7～25kg

스탠더드 푸들(Standard Poodle)
사냥견으로 활약할 때 헤엄치기 쉽고
심장도 보호하려고 독특하게 털을 깎았다.
원산지 프랑스, 중부 유럽
어깨높이 45～60cm
몸무게 15～19kg

차우차우(Chow Chow)
썰매를 끄는 사역견으로,
옛날에는 잡아먹으려고
키운 적이 있다. 혀의 색이 자색이다.
원산지 중국 **어깨높이** 43～51cm
몸무게 20～32kg

보스턴 테리어(Boston Terrier)
불도그의 피를 잇는 개로 미국의 보스턴에서 개량된 개이다.
불도그보다 작고 공격성이 거의 없는 온순한 개이다.
원산지 미국
몸무게(몸무게에 따라 3등급으로 나눈다.)
6.8kg 이하, 6.8kg~9kg, 9~11kg

프렌치 불도그(French Bolldog)
영국의 불도그를 프랑스에서 일하는
영국인이 프랑스로 데려와 개량한 개이다.
'박쥐 귀'라고 하는 큰 귀가 특징이다.
원산지 프랑스 **어깨높이** 30cm 전후
몸무게 10~13kg

티베탄 테리어(Tibetan Terrier)
티베트에서 '행운을 가져오는 개'라고 생각해서
소중히 키웠다. 여러 일을 하는 만능견으로
몸 크기 때문에 테리어라는 이름이 붙었으나
테리어 종류는 아니다.
원산지 중국 **어깨높이** 36~41cm
몸무게 8~13.5kg

비숑 프리제(Bichon Frise)
'비숑'은 '장식하다'라는 뜻이며 '프리제'는 '곱슬머리'를 의미한다.
이름처럼 곱슬거리는 털을 가진, 생김새가 인형 같은 개이다.
과거에는 귀족들에게 사랑받은 애완견이었으나 지금은 어디에서나
볼 수 있는 가정견으로 분류된다. 재주가 많다.
원산지 프랑스 **어깨높이** 24~29cm
몸무게 3~6kg

순수성 선보이는 마당, '도그쇼'

도그쇼는 순수 견종을 선보이는 마당이야. 좋은 개인가, 아름다운 개인가를 겨루는 것이 아니라, 오랜 세월에 걸쳐 만들어진 그 견종의 혈통이 잘 이어져 왔는지, 이상적인 모습이 잘 보존되어 있는지 등을 확인하기 위하여 열리는 행사야.

최초의 도그쇼는 1859년 영국에서 열렸는데, 세터와 포인터 두 종류만 참가했어. 그

뒤, 미국이나 다른 나라에서도 도그쇼가 열리면서 심사 기준으로 각 견종의 이상적인 기준을 꼼꼼하게 세운 '견종 표준'도 만들어졌지. 도그쇼는 개를 전문적으로 다루는 사람의 지시에 따라 진행돼. 개의 골격이나 이빨 모양 그리고 걷는 모습도 심사를 한단다.

우리나라에서는 한국애견연맹(KKF)과 한국애견협회(KKC)를 비롯한 여러 애견 단체와 외국의 애견 단체들이 주최하는 도그쇼가 해마다 열려. 한국애견연맹은 우리나라 최초의 애견 단체야. 진돗개도 이 단체의 노력으로 국제적으로 승인을 받았어. 진돗개와 삽살개는 매년 단독 전람회가 열린단다.

개를 알면 개가 보인다

개라는 동물

개는 도대체 어떤 동물일까? 우선 개가 어떤 무리에 속하는지 알아보자. 동물은 크게 7단계로 분류하는데, 그중 가장 넓은 분류 단계가 '계'란다. 흔히 알고 있는 식물계와 동물계가 바로 이 단계이지. 이 세상의 모든 생물을 포함하는 단계야. 그 아래 단계를 차례로 나열하면 문→강→목→과→속→종이야.

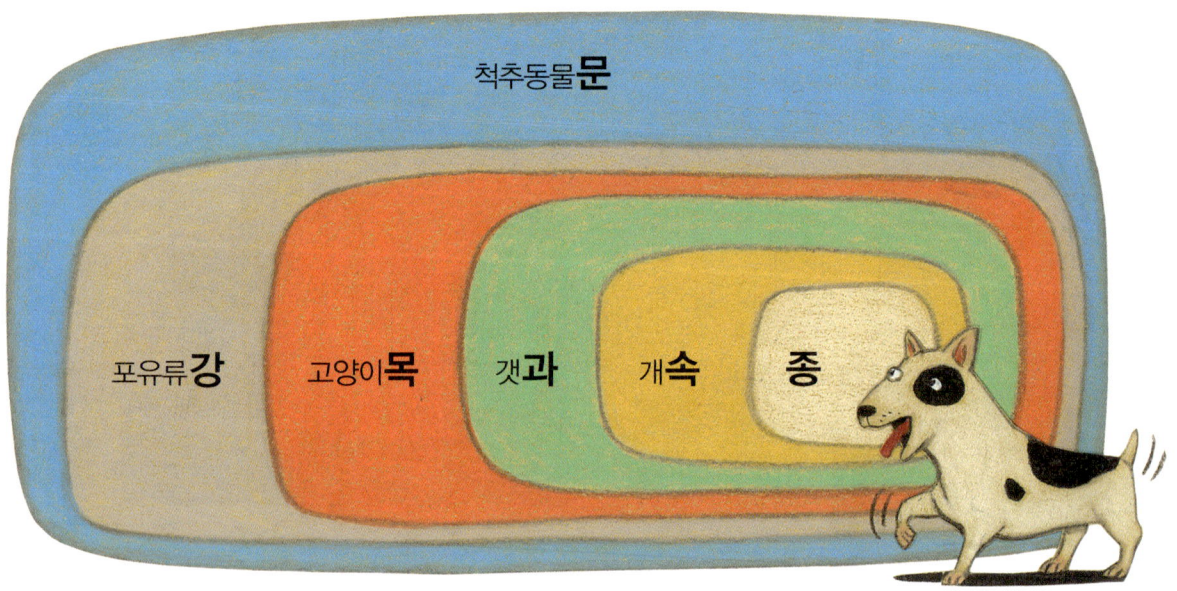

개는 사람과 같은 '동물계 척추동물문 포유류강'에 속해. 알이 아니라 새끼를 낳아 젖을 먹여 키우고, 체온을 일정하게 유지하고, 폐로 호흡하고, 등뼈가 있는 동물이란 뜻이야. 이런 동물을 포유류라고 해.

또 식물만을 먹는 노루 같은 동물이 아니고, 바다가 아니라 육지에 사는 동물이어서 '식육목'에 속해. 이것을 고양이목이라고도 해. 고양이목에는 갯과, 족제빗과, 판다과, 아메리카너구릿과, 곰과, 고양잇과, 하이에나과 등이 있어.

개는 새끼를 낳고 젖을 먹여 키워. 갈비뼈도 있고 말이야!

갯과에는 36종의 동물이 있어. 여우도 너구리도 갯과 동물이야. 물론 이 책의 주인공인 개도 갯과 동물이야. 갯과에는 다시 개속, 여우속, 너구리속, 승냥이속 등 10여 가지 속이 있어. 그중 개속에는 늑대, 코요테, 황금자칼 등이 속해.

개속

너구리속

여우속

승냥이속

● 개속에 속하는 동물들

고양이목	갯과	개속	늑대
	곰과	여우속	붉은늑대
	판다과	너구리속	에티오피아늑대
		승냥이속	황금자칼
			가로줄무늬자칼
			코요테
			검은등자칼
			딩고

개의 조상이며 무리 지어 생활한다. 무리가 힘을 합해 사냥을 하기 때문에 자기보다 훨씬 큰 동물을 잡을 수도 있다. 몸길이는 80~160cm이며, 북아메리카와 아시아, 유럽에 산다.
(몸길이 : 머리부터 엉덩이까지의 길이)

＊ **개 :** 똑같은 종에 속한다고 하기에는 좀 다르고, 그렇다고 완전히 다른 종으로 나누기도 힘든 경우 '아종'이라고 한다. 개는 늑대와 공통점이 아주 많아서 다른 종으로 나누기가 어렵다. 그렇다고 똑같은 종이라고 하기도 어려워서 지금은 늑대의 아종이란 설이 대세다.

혼자나 부부, 가끔 작은 집단을 이루어 산다. 토끼나 쥐 따위의 작은 동물을 먹는다. 몸길이는 75~100cm이며, 북아메리카, 중앙아메리카에 산다.

보통 부부끼리 산다. 작은 동물, 곤충, 새알, 다른 동물이 먹다가 남긴 먹이를 먹는다. 몸길이는 68~75cm이며, 아프리카 남동부에 산다.

혼자 또는 10마리 정도가 무리 지어 산다. 토끼, 청서, 새 따위의 작은 동물을 먹는다. 몸길이는 100cm이며, 오스트레일리아, 동남아시아에 산다.

● 세계에 사는 야생 갯과 동물

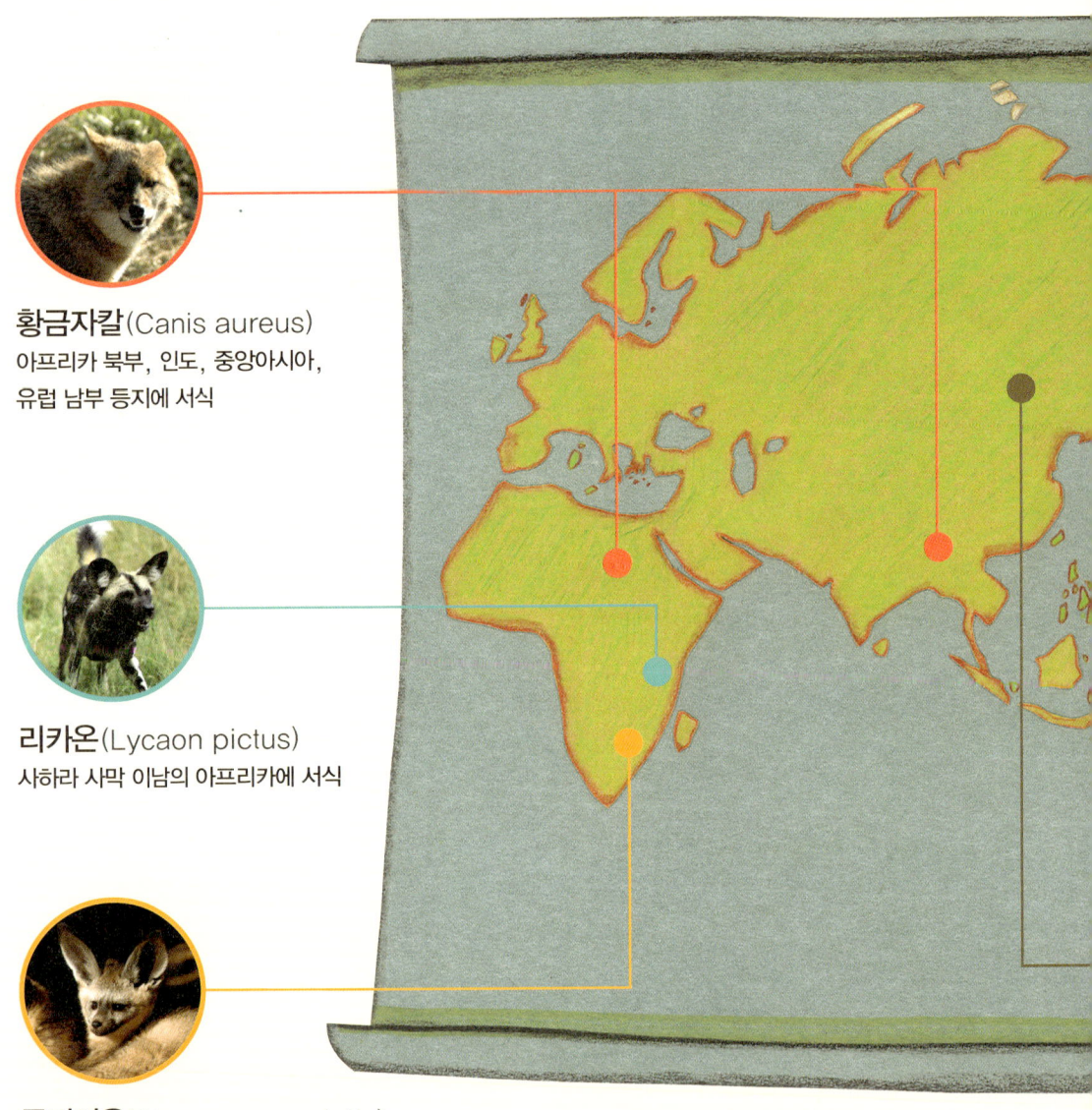

황금자칼(Canis aureus)
아프리카 북부, 인도, 중앙아시아,
유럽 남부 등지에 서식

리카온(Lycaon pictus)
사하라 사막 이남의 아프리카에 서식

큰귀여우(Otocyon megalotis)
동아프리카 및 남아프리카 건조 지대에 서식

늑대(Canis lupus)
북아메리카, 아시아 일대에 서식

코요테(Canis latrans)
알래스카에서부터 중앙아메리카 일대에 서식

승냥이(Cuon alpinus)
만주, 시베리아, 몽골, 중국, 한국 등지에 서식

뛰어난 개의 몸 - 비밀 병기

　사람이 개와 함께 살게 된 이유는 아마도 사람들이 개의 뛰어난 능력에 매력을 느꼈기 때문이 아닐까? 아무리 뛰어난 사람이라고 하더라도 냄새를 알아채거나 빨리 달리는 능력에서 개를 따라잡기 힘드니까 말이야.
　개의 뛰어난 능력은 어디에서 나올까?
비밀의 열쇠는 바로 개의 몸 안에 있어.

- **꼬리** 달리면서 방향을 바꿀 때 꼬리를 움직여서 균형을 잡아. 자기 마음을 표현할 때도 꼬리를 이용한단다. 개의 종류에 따라 꼬리 모양이 달라.

- **다리** 재빨리 움직일 수 있도록 발굽을 땅에 대지 않고 발가락만으로 서 있어. 발바닥에는 쿠션 구실을 하는 육구라고 하는 연한 살덩어리가 붙어 있어서 발을 보호해.

- **귀** 소리가 나는 방향으로 움직여. 사람이 들을 수 있는 거리보다 4배나 먼 곳에서 나는 소리도 들을 수 있어. 심지어는 사람이 못 듣는 높은 소리도 들을 수 있단다. 개의 종류에 따라 귀의 모양이 달라.

- **눈** 먼 곳은 거의 볼 수 없고, 잘 볼 수 있는 거리는 기껏해야 7미터쯤이야. 100미터쯤 떨어지면 주인의 얼굴도 알아보지 못해. 하지만 움직임에는 민감하게 반응해서 1,000미터나 떨어진 곳의 움직임도 눈치챌 정도야. 원래 주로 밤에 활동을 했던 터라 빛이 약간만 있어도 자유로이 움직일 수 있어.

- **코** 잘 때 말고는 늘 젖어 있어. 민감하게 냄새를 맡기 위해서야. 개가 냄새를 맡을 수 있는 능력은 사람의 100만~1억 배나 돼.

- **이빨** 이빨은 42개가 있어. 엄니처럼 생긴 견치가 아래위, 좌우에 두 개씩 네 개 있는데, 먹이를 잡거나 살을 가르는 데 사용해.

- **혀** 개는 맛을 잘 구별하지 못하는 편이야. 그렇다고 맛을 전혀 못 느끼는 것은 아니고 단맛, 짠맛, 신맛, 쓴맛을 알긴 아는데, 단맛을 가장 잘 안다고 해.

코로 생각하고 코로 기억하다

사람이 어떤 사물을 알아 갈 때 오감(시각, 청각, 후각, 미각, 촉각) 가운데서 시각의 역할이 80퍼센트를 차지한다고 해. 그런데 개는 후각의 역할이 40퍼센트를 차지해. 그래서 개는 시각보다는 후각이나 청각에 의존해서 생활한단다.

개들이 처음 만났을 때 어떻게 행동하는지 본 적이 있니? 개들은 우선 서로의 엉덩이 근처 냄새를 킁킁 맡아. '항문선'에서 나오는 냄새를 확인하는 거야. 항문선은 항문 부근에 있는 분비샘인데, 스컹크의 경우는 이 항문선에서 악취가 나는 분비물을 적게 뿜는 걸로 유명해.

개들은 항문선의 냄새로 무엇을 알아낼까? 놀라지 마. 암컷인지 수컷인

지, 나이는 어느 정도인지, 건강 상태는 어떤지에 이르기까지, 그 개에 대한 거의 모든 정보를 알아낸다고 해.

개들은 한 번 맡은 냄새를 정확하게 기억한단다.

예를 들어, 개가 좋아하는 단맛 나는 빵을 준 사람이 있다면 그 사람의 냄새를 단단히 기억해. 만약에 그 사람을 다시 만난다면 개는 이렇게 생각할 거야. '앗, 이 냄새는 전에 빵을 준 여자아이 냄새다!' 그러고는 열심히 꼬리를 흔들지. 물론 나쁜 기억도 냄새로 떠올린단다.

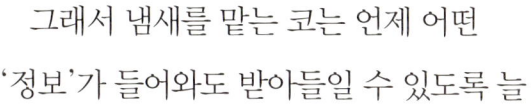

그래서 냄새를 맡는 코는 언제 어떤 '정보'가 들어와도 받아들일 수 있도록 늘 완벽하게 준비를 해 두어야 해. 개의 코가 늘 젖어 있는 것도 냄새를 잘 맡기 위한 준비인 셈이야. 코 안의 점막이 촉촉하게 젖어 있으면 냄새의 미립자를 좀 더 잘 잡을 수가 있거든.

눈물이 나오면 콧물도 함께 나오는 사람처럼, 개도 눈물을 내는 '눈물선'과 코가 연결되어 있어. 개의 코기 젖이 있는 것은 '눈물' 때분이란다.

그런데 개의 코가 늘 젖어 있는 건 아니야. 잠잘 때는 코가 마르거든. 그래서 잠에서 깬 개는 재빨리 자기 혀로 열심히 코를 적셔서 냄새 맡을 준비를 갖추지. 잠을 자지 않는데도 개의 코가 말라 있다면 병이 들었다는 신호

일 수도 있어.

　개는 냄새로 자기주장을 해. 개가 여기저기 오줌을 누는 것은 '여기는 내 영역이다!'라고 주장하는 행동이야. 이것을 '마킹'이라고 해.

　특히 수컷은 전봇대나 울타리 등에 오줌을 눌 때 한쪽 다리를 들어 올리는데, 가능한 한 높은 곳에 오줌을 누려고 그러는 거야. 자기 오줌 냄새를 맡은 다른 개들에게 '난 이렇게 커!', '난 힘이 센 개다!'라고 주장하기 위해서야. 다른 개의 코 위치에 냄새를 묻히는 셈이니 효과가 있지. 다른 개가 와서 냄새를 맡아 보고, 냄새를 묻힌 개가 자기보다 작으면 원래 오줌을 눈 곳보다 더 위에 마킹을 하고, 자기보다 크면 마킹을 하지 않고 다른 곳으로 간단다.

그런데 알고 있니? 태어난 지 얼마 안 된 수컷은 암컷처럼 앉아서 오줌을 눈다는 사실을 말이야. 개는 태어난 지 6~8개월쯤 되어야 호르몬의 영향으로 다리를 들어 올릴 수 있어.

놀라운 사실을 한 가지 더 알려 줄게.

사실 개 중에는 오줌을 눌 때 암컷인데도 다리를 올리는 개도 있고, 수컷인데도 다리를 올리지 않는 개도 있어. 먼저 오줌을 눈 개보다 더 높은 곳에다 오줌을 누려고 물구나무서듯 한 채 오줌을 누는 개도 있고 말이야. 또 다리를 올리고 오줌을 누던 수컷도 나이가 들면 다리 올릴 힘이 없어져 다리를 올리지 않고 오줌을 눈단다.

개가 오줌으로만 마킹을 하는 건 아니야. 항문선에서 분비액을 낼 수 있어서 그것으로도 영역 표시를 한단다.

개는 색을 구별할 수 있을까?

냄새 맡는 능력을 너무 발달시켜서일까? 개의 시력은 매우 안 좋아. 사람의 평균 시력을 1.0이라고 한다면, 정확하게 말하기는 어렵지만 개는 0.3 정도밖에 안 된다고 생각하면 돼. 그뿐만 아니라 색을 판단하는 능력도 떨어져. 그래서 예전에는 '개가 보는 세상은 흑백이다.'라고 했어. 최근 연구에 따르면 개도 노란색, 자주색, 파란색은 구별할 수 있다고 해.

개는 시력이 나쁘긴 해도 '동체 시력'은 아주 발달했어. 동체 시력이란 시선을 한곳에 고정해 계속 바라보면서 움직이는 물체를 식별하는 능력을 말해. 쉽게 말하면 움직이는 것을 알아차리는 능력이야. 그래서 눈을 이용해 사냥하는 사냥견은 1,500미터나 떨어진 먼 곳에서 움직이는 동물을 재빨리 발견해 내지. 시야도 160~180도인 사람보다 훨씬 넓어서 200~290도나 된단다.

최근에는 병을 앓았거나 상처입은 개를 위해 개가 사용하는 콘택트렌즈도 개발되었어.

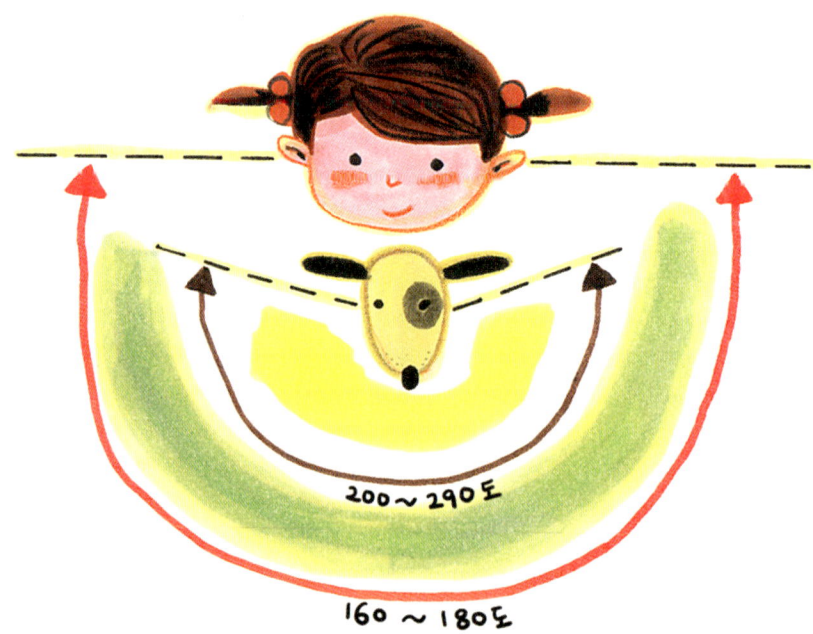

개는 사람보다 잘 들을까?

　개는 시력은 사람보다 안 좋지만, 청력은 사람보다 훨씬 좋아. 개는 사람보다 약 4배나 먼 곳에서 나는 소리도 들을 수 있다고 해. 개의 청력이 발달한 이유는 야생 시절 사냥을 하거나 다른 동물로부터 몸을 지키는 데에 청력이 중요한 역할을 했기 때문이야.

　개는 사람이 들을 수 없는 낮은 소리나 높은 소리도 들을 수 있어. 보통 사람은 20~2만 헤르츠 사이의 소리를 듣는다고 해. 그런데 개는 5만 헤르츠쯤의 소리도 들을 수 있어. 초음파를 내는 쥐, 햄스터, 박쥐 같은 동물을 잡기 위해 듣는 능력을 발달시켰기 때문이란다.

　사람의 귀에는 아무런 소리가 들리지 않는데도 개가 귀를 자꾸 움직인다면 사람은 듣지 못하는 어떤 소리가 난다는 것을 뜻해. 귀가 늘어진 개보다 쫑긋 서 있는 개가 훨씬 잘 듣는단다.

개는 왜 이런 행동을 하지?

개를 키우거나 가까이에서 보면 '개는 왜 이런 행동을 하지?' 하고 의문이 들 때가 있어. 하지만 사람 눈에는 독특하고 이상하게 보이는 행동이라도 개에게는 나름의 이유가 있어. 먼 옛날 개가 늑대나 원시 개였을 때 야생에서 살면서 몸에 밴 습성이니까. 개의 습성 중 몇 개만 소개할게.

무리 안에는 서열이 있어

무리 지어 사는 동물 사이에는 꼭 지켜야 하는 규칙이 있어. 예를 들어, 늑대 무리에서는 우두머리 암수만이 꼬리를 세울 수 있고 짝짓기를 할 수 있어. 다리를 들어 올리고 오줌을 눌 수 있는 것도 우두머리뿐이야. 나머지는 암컷처럼 앉은 자세로 오줌을 누어야 해. 개들도 무리 안에서 서열을 따진단다. 가장 선두에 서서 무리를 이끄는 개가 우두머리 개야.

사람과 함께 사는 지금도……

개는 함께 사는 사람들도 무리라고 생각해. 그래서 가족 중에서 누가 우두머리인지 살핀 다음 우두머리에게 복종한단다. 대개는 아빠를 우두머리라고 생각하지. 하지만 엄마가 언제나 먹이를 주고 같이 산책을 하면 엄마를 우두머리라고 생각해서 엄마 말을 잘 들어.

만약 개가 여러분의 서열을 자기보다 낮게 여긴다면 여러분 말은 하나도 안 들을 거야. 그래서 개를 산책시킬 때는 개를 여러분보다 앞에 서게 해서는 안 돼. 이끄는 사람이 여러분이란걸 잘 알게 하기 위해서 개보다 앞서서 걸어야 한단다.

죽을힘을 다해 허겁지겁 먹어

개가 먹이를 얻기 위해 무리 지어 사냥을 하던 시절, 우두머리가 맨 먼저 먹이를 먹었어. 그다음에는 두 번째 서열의 개, 그다음엔 세 번째 서열의 개……. 이런 식으로 위 서열부터 순서대로 먹었지. 그런데 먹이를 천천히 먹으면 다른 개들에게 먹이를 빼앗겨 버려. 또 언제 사냥에 성공할지 모르니, 짧은 시간 안에 가능한 한 먹이를 많이 먹어야 했어. 그러다 보니 먹이만 있으면 죽을힘을 다해 허겁지겁 먹는단다.

사람과 함께 사는 지금도……

개는 먹이를 보면 눈 깜짝할 사이에 먹어 치워. 먹이가 많든 적든 한꺼번에 모두 먹어 버리지. 너무 급하게 많이 먹으면 배탈이 나지 않을까? 걱정할 필요 없어. 개의 위는 다른 동물보다 훨씬 크단다. 소화 기관의 60퍼센트 이상이 위야. 놀랍지? 큰 위에 저장된 음식은 천천히 장으로 이동하기 때문에 배탈이 날 염려는 없어.

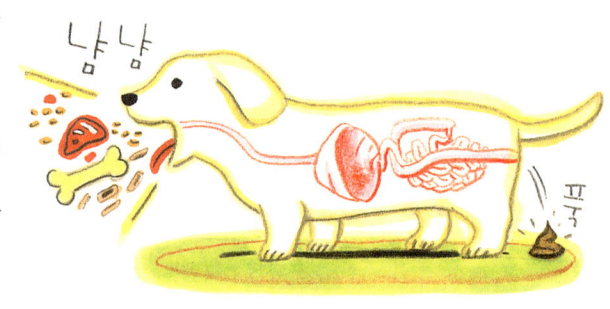

소리에 민감하게 반응해

늑대는 '어우우우!' 하고 길게 울부짖어. 이 울부짖음은 "자, 이제 사냥을 시작한다.", "난 여기에서 준비하고 있어."와 같은 뜻으로, 늑대끼리 서로 연락하는 방법이야. 개는 늑대처럼 길게 울지 않고 짧고 크게 '멍멍' 하고 짖어. 개에게 사냥이나 경비 같은 일을 시키면 개가 큰 소리로 자주 짖는 게 좋거든. 그러다 보니 잘 짖는 개를 골라 짝짓기를 시켰고, 지금과 같은 개 울음소리로 발전한 거야.

사람과 함께 사는 지금도……

가끔 개도 늑대처럼 길게 '어우우우!' 하고 울부짖기도 해. 대개는 구급차나 소방차의 사이렌 소리를 들을 때 그러지. 사이렌 소리를 들으면 옛날에 무리 지어 사냥하던 때가 떠올라 그렇게 울부짖는다고 해. 사이렌 소리와 늑대가 울부짖을 때의 주파수가 닮았다는 연구 결과가 있어. 동네에서 한 개가 '이우우우!' 하고 울부짖으면 다른 개들도 '어우우우!' 하고 잇따라 울부짖는단다.

가족의 얼굴을 할짝할짝 핥아

어미 늑대는 새끼들이 젖을 떼는 시기가 되면 자기가 먹었던 먹이를 토해서 새끼에게 먹여. 새끼들은 어미 입 둘레를 할짝할짝 핥으면서 밥을 달라고 부탁을 하지. 다 자란 뒤에도 어리광을 부릴 때나 꾸지람을 들은 뒤 용서를 바랄 때면 입 둘레를 핥아서 마음을 표시한단다.

사람과 함께 사는 지금도……

개는 주인에게 '난 당신을 좋아해요. 복종합니다.'라는 마음을 알리려고 얼굴을 할짝할짝 핥아. 그러니 개가 핥으려고 하면 거부하지 말고 개의 마음을 받아 주렴.

개는 땀을 안 흘린다고?

사람은 열이 나면 땀을 흘려. 땀을 흘려서 체온을 내리지. 개는 어떨까? 개가 땀을 흘리는 것을 본 적이 없을 거야. 개들은 땀을 내는 기관이 덜 발달해서 땀을 흘리지 못해. 그 대신 입을 벌리고 혀를 내밀어 '헤헤헤헤' 하면서 열을 내보내. 이렇게 거칠고 빠르게 호흡을 하는 것을 '천속 호흡'이라고 해. 주로 땀샘이 발달되지 않은 조류나 개들이 체온을 조절하기 위해 천속 호흡을 한단다.

개는 보통 때는 1분에 20번 정도 숨을 쉬어. 그러나 체온이 많이 올라가 천속 호흡을 할 때면 1분에 300번이 넘게 숨을 쉴 때도 있어. 이 경우 마시는 숨은 대부분 코로 들이마시고 내쉬는 숨은 대부분 입으로 내쉬어. 개가 천속 호흡을 할 때 혀를 내미는 건 혀를 통해서 직접 열을 내보내기 위해서가 아니라, 침을 내어서 열을 내리기 위해서야.

그런데 정말 개는 땀을 한 방울도 흘리지 않을까? 사실은 아주 적은 양이지만 개도 땀을 흘려. 발바닥에 있는 살덩어리인 육구에서 땀을 흘린단다.

개는 사람보다 훨씬 빨리 자라

'도그 이어(dog year)'라는 말이 있어. 개처럼 빨리 자란다는 뜻인데, 인터넷에 관련된 기술이나 산업이 놀라운 속도로 발전하는 것을 비유하는 말이야.

그런데 개가 얼마나 빨리 자라기에 이런 표현이 나왔을까?

개의 성장 속도는 작은 개와 큰 개의 경우가 달라. 작은 개는 어른 개로 성장하기까지의 시간이 큰 개보다 빠르고 일곱 살쯤부터 천천히 노화가 시작돼. 큰 개는 어른 개가 되기까지의 성장이 느린 편인데 대여섯 살쯤부터 노화가 시작돼.

108쪽의 표를 보면, 개에게 한 달은 사람 나이로 치면 한 살에 해당한다는 걸 알 수 있어. 개가 한 살 반이면 사람 나이로는 스무 살, 두 살이면 사람 나이로 스물네 살에 해당하지. 노화가 시작되는 일곱 살은 사람 나이로 마흔네 살이란다. 큰 개의 노화가 시작되는 다섯 살은 사람 나이로 치면 마흔 살이야. 표를 보면 알 수 있듯이 큰 개는 작은 개보다 수명이 짧단다.

그렇다면 개의 수명은 얼마나 될까?

남녀의 차이가 있지만 우리나라 사람의 평균 수명은 여든 살쯤 돼. 사람에 비하면 개의 수명은 놀라울 정도로 짧아. 그래도 과거와 비교하면 개의 수명은 많이 늘었어.

일본의 연구에 따르면, 1980년대에는 개의 평균 수명이 4.4세였는데, 1988년에 9.8세, 1997년에 14.2세가 되었고, 2004년에는 14.6세까지 늘어났다고 해. 건강하게 살 수 있는 조건이 갖추어져서 그럴 거야.

그렇다고 개의 수명이 무한정 늘지는 않아. 개의 종류에 따라 다르지만, 큰 개는 평균 열 살 정도, 작은 개는 열다섯 살 정도 살아. 순종보다 잡종(다른 종을 교배시켜 만든 종)이 좀 더 오래 산다고 해. 기네스북에 등재된 '역사상 가장 오래 산 개'는 '블루이'라는 이름의 오스트레일리언 캐틀 도그로, 29년 5개월 동안 살았단다.

개와 사람의 나이 비교 환산표

개	사람	개	사람	개	사람
1개월	1세	4세	32세(33)	12세	64세(89)
2개월	3세(1)	5세	36세(40)	13세	68세(96)
3개월	5세(?)	6세	40세(47)	14세	72세(103)
6개월	9세(6)	7세	44세(54)	15세	76세(110)
1세	17세(12)	8세	48세(61)	16세	80세(117)
1세 반	20세(16)	9세	52세(68)	17세	84세(124)
2세	24세(19)	10세	56세(75)	18세	88세(131)
3세	28세(26)	11세	60세(82)	19세	92세(138)

표에서 기준으로 삼은 개는 소형 개이다. 대형 개는 ( ) 안의 나이에 해당한다.
예를 들어 2개월 된 소형 개는 사람의 3세, 2개월 된 대형개는 사람의 1세에 해당한다.

똑똑한 개는 누구?

주인이 '앉아!', '기다려!' 하면 주인의 말대로 하는 개를 본 적이 있을 거야. 과연 개는 사람의 말을 얼마나 이해할까? 독일의 연구에 따르면, 아홉 살 된 보더콜리가 250개나 되는 단어를 이해했다고 해. 참고로 미국의 연구에 따르면, 세 살 된 사람의 아이는 700개의 영어 단어를 안다고 해. 어때? 개가 생각보다 똑똑하지?

그렇다면 어느 개가 가장 똑똑할까? 세계적으로 유명한 개 연구자 스탠리 코렌 박사가 133종의 개를 조사한 결과를 쓴 책《개의 지능 The Intelligence Of Dogs》을 보면 아래 순서와 같아. 보더콜리가 1등이고 아프간하운드가 꼴찌야.

그러면 아프간하운드가 가장 멍청하다는 의미일까? 그렇지 않아. 아프간하운드는 오랜 역사를 가졌고, 신체 능력이 뛰어난 사냥개야. 그런데 아프간하운드는 사람에게 쉽게 복종하지 않아. 사람이 세운 기준인 '지능'에서 꼴찌일 뿐 개로서의 '능력'이 꼴찌란 말은 아니야.

1위 보더콜리(54쪽 참조)
2위 푸들(80쪽 참조)
3위 저먼 셰퍼드 도그(55쪽 참조)
4위 골든레트리버(59쪽 참조)
5위 도베르만(70쪽 참조)
6위 셰틀랜드 시프도그(54쪽 참조)
7위 래브라도레트리버(58쪽 참조)
8위 파피용(74쪽 참조)
9위 로트와일러(71쪽 참조)
10위 오스트레일리언 캐틀 도그(55쪽 참조)
⋯⋯
133위 아프간하운드(62쪽 참조)

개야, 고마워!

개들의 새로운 일

오늘날 사람들이 사는 모습은 옛날과는 아주 많이 달라. 먹을 것을 구하기 위해 사냥을 할 필요도 없고, 집을 지키게 하려고 개를 키우지 않아도 돼. 최신 기계들이 집이나 회사를 지켜 주니까. 무거운 짐은 개 썰매 대신 자동차가 운반해 주고.

이렇게 개가 하는 일이 점점 줄어들었으니까, 이제는 사람들의 생활에 개가 전혀 필요 없을까?

　그렇지 않아. 그동안 개가 해 오던 일과 더불어 오늘날에도 개들은 새로운 분야에서 뛰어난 능력을 발휘하고 있어. 사람의 생활을 안전하게 뒷받침해 주는 개들의 활약을 살펴볼까?

범죄 수사를 돕는 경찰견

❓ 어떤 일을 할까?

경찰견은 뛰어난 후각을 이용해서 수사를 도와. 범인의 냄새를 기억해서 쫓고, 냄새로 증거를 구별하는 일을 해. 또 범인이 있는 현장에서는 범인을 꼼짝 못하게 해서 체포하는 데 도움을 주기도 해.

🐺 어떤 견종이 할까?

범죄를 수사하는 건 쉬운 일이 아니야. 현장에 있는 증거를 가지고 범인의 행방을 치밀하게 추적해야 해. 그 일을 돕는 경찰견 또한 머리가 좋아야 한단다. 명령에 복종하는 충성심과 용맹성도 뛰어나야 하고. 셰퍼드, 골든레트리버, 래브라도레트리버, 에어데일테리어, 콜리, 복서, 도베르만 같은 개들이 알맞아. 그중에서도 셰퍼드가 아주 유명하지.

❓ 어떻게 훈련할까?

빠르면 태어난 후 3개월부터 훈련을 시작해. 6개월부터는 냄새를 구별하는 훈련, 냄새를 추적하는 훈련 등을 받아. 한 살이 되면 가상의 범인을 대상으로 한 훈련을 받고 두 살이 되면 현장에 나간단다.

마약을 찾는 마약 탐지견

어떤 일을 할까?

마약은 잘못 사용하면 사람의 몸과 마음을 망치는 무서운 약이야. 그래서 정부에서는 마약에 대한 법까지 만들어서 마약류를 함부로 사고팔지 못하게 하고, 사용하는 것도 엄격하게 통제한단다. 마약 탐지견은 해외에서 법을 지키지 않고 들어오는 마약을 찾아내는 일을 해.

어떤 견종이 할까?

후각이 잘 발달했다고 마약 탐지견이 될 수 있는 건 아니야. 사람이 많이 드나드는 공항처럼 수란스러운 곳에서도 당황하지 않고 맡기 힘든 마약 냄새를 알아내는 집중력이 있어야 하거든. 잉글리시 스프링어 스패니얼, 래브라도레트리버, 셰퍼드, 비글 같은 개들이 주로 훈련을 받는단다.

❓ 어떻게 훈련할까?

　마약을 싼 수건을 발견하게 하고 발견하면 칭찬해 주고 같이 놀아 주면서 훈련을 시작해. 이런 훈련을 여러 번 한 뒤에는 마약 냄새가 묻은 수건으로 훈련하고, 마지막에는 마약이 묻은 물건을 숨긴 뒤에 찾아내는 훈련을 해.

사람을 구하는 인명 구조견

 어떤 일을 할까?

사람의 목숨을 구하는 인명 구조견은 하는 일에 따라 종류가 나누어져. 재해 구조견은 지진이나 태풍, 산사태 때문에 건물이 무너졌을 때, 무너진 건물 속에 갇힌 사람을 찾아내는 일을 해. 산악 구조견은 산에서 조난당한 사람을 찾아내지. 수중 구조견은 바다나 강, 호수에 빠진 사람을 구하는 일을 한단다.

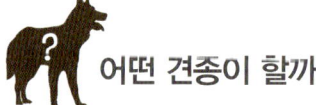 **어떤 견종이 할까?**

지진이 일어난 곳에서는 대부분 여진이 계속되기 때문에 땅이 흔들리는 지진을 두려워하는 개는 재해 구조견에 맞지 않아. 높은 곳에서도 견딜 수 있고, 소란스러운 소음 속에서도 집중력을 발휘하는 개가 재해 구조견으로 알맞아. 산악 구조견으로는 셰퍼드, 래브라도레트리버가 많지만 어떤 개라도 훈련을 잘 받으면 가능해. 사람을 구조하려면 어느 정도의 힘이 필요하므로 너무 작은 개보다는 중간 크기 이상의 개가 적합하지.

수중 구조견은 헤엄을 잘 치는 개로 이름 높은 뉴펀들랜드 종이 알맞아. 캐나다 동쪽 뉴펀들랜드 섬에서 오래 살아온 이 개는 원래 어부들의 일을 돕는 사역견이었어. 길고 두꺼운 털은 물을 잘 튀기고, 발가락 사이의 피부는 마치 물갈퀴처럼 생겼어.

❓ 어떻게 훈련할까?

구조견은 태어난 지 얼마 안 되는 시기부터 훈련을 시작해. 두려움을 없애기 위해서 두려워하는 대상을 계속 접하게 하여 적응하도록 훈련을 시킨단다. 예를 들어 구조견이 진공청소기나 차량의 소음을 처음 접할 때는 두려움과 불안함을 느끼지만, 지속적으로 듣게 되면 곧 소음에 대해 두려움이 없어지고 안정을 찾는다고 해.

15명의 목숨을 구한 인명 구조견 '백두'

백두는 우리나라 중앙119구조단에서 활동한 인명 구조견이야. 저먼 셰퍼드 도그 종 수컷인 백두는 2007년부터 5년간 총 63차례나 재난 현장에 출동했고, 국내에서 발생한 재난 현장에서만 15명의 귀중한 생명을 구했단다. 백두의 활약은 여기에서 그치지 않고 외국으로도 이어졌어. 2008년 중국 쓰촨 성 지진 현장, 2009년 인도네시아, 2010년 아이티, 2011년 일본 쓰나미 등의 재난 현상에도 파견되어 활동했단다.

하지만 아무리 우수한 개라고 해도 흐르는 세월은 못 이기는 법이지. 2003년에 태어났으니까 2012년에 아홉 살, 사람 나이로 치면 예순 살이 넘은 셈이야. 건강 검진 결과 퇴행성 관절염과 급격한 시력 저하에 시달리고 있다고 나타나 2012년 4월에 은퇴식을 했어. 재난 현장에서 사람을 구조하기 위해 고생을 많이 한 백두는 이제는 '보통 개'로 다정한 사람들과 함께 여생을 보낸단다.

지금도 재난의 현장에서는 백두 같은 인명 구조견들이 많은 활약을 하고 있다.

나폴레옹을 구한 뉴펀들랜드

바다나 강, 호수에 빠진 사람을 구하는 개를 '수중 구조견'이라고 해. 구조견은 구조대원과 함께 물에 들어가서 구조대원이 물에 빠진 사람을 찾아내면 물가까지 그 사람을 데리고 간단다. 물에 빠진 사람이 구조견의 등에 붙은 하네스를 잡게 해서 끌고 가는 거야. 물을 두려워하지 않고 헤엄치는 걸 아주 좋아하는 뉴펀들랜드 종이 많이 활동해.

뉴펀들랜드가 사람을 구한 이력 중 재미있는 이야기 하나 해 줄까?

프랑스의 황제 나폴레옹이 1814년에 이탈리아 반도 서쪽의 엘바 섬에 갇혔어. 나폴레옹은 다음 해에 탈출을 시도했지. 적의 눈을 속이기 위해 캄캄한 밤에 작은 배로 떠나는 계획이었어. 그런데 나폴레옹이 경솔하게도(어쩌면 영웅답게) 뱃머리에 서 있다가 그만 캄캄한 바다로 떨어지고 말았어. 뱃사공은 그걸 모르고 계속 앞으로 나아갔고. 그때 어부의 고기잡이를 돕던 개 두 마리가 용감하게 바다로 뛰어들었어. 그리고 헤엄을 치지 못하는 나폴레옹을 구했단다. 그 개가 바로 뉴펀들랜드야. 그런데 나폴레옹은 개를 아주 싫어하는 사람으로 유명했거든. 그렇게 싫어하던 개의 도움으로 목숨을 구했으니, 당시의 나폴레옹은 어떤 생각을 했을까?

사람의 눈이 되어 주는 시각 장애인 도우미견

❓ 어떤 일을 할까?

　시각 장애인 도우미견은 시각 장애인들이 안전하게 걸을 수 있게 도와주는 개야. 도로에서 횡단보도를 건너는 일이나, 인도에서 자전거나 간판 등을 피하면서 걷는 일은 시각에 장애가 있는 사람에게는 여간 힘든 일이 아니란다.

　시각 장애인 도우미견은 주인이 길을 잘 걷도록 이끌고, 교차로 앞에서는 멈추어 서서 주인에게 알리는 일을 해. 주인의 지시가 있으면 다시 걸어

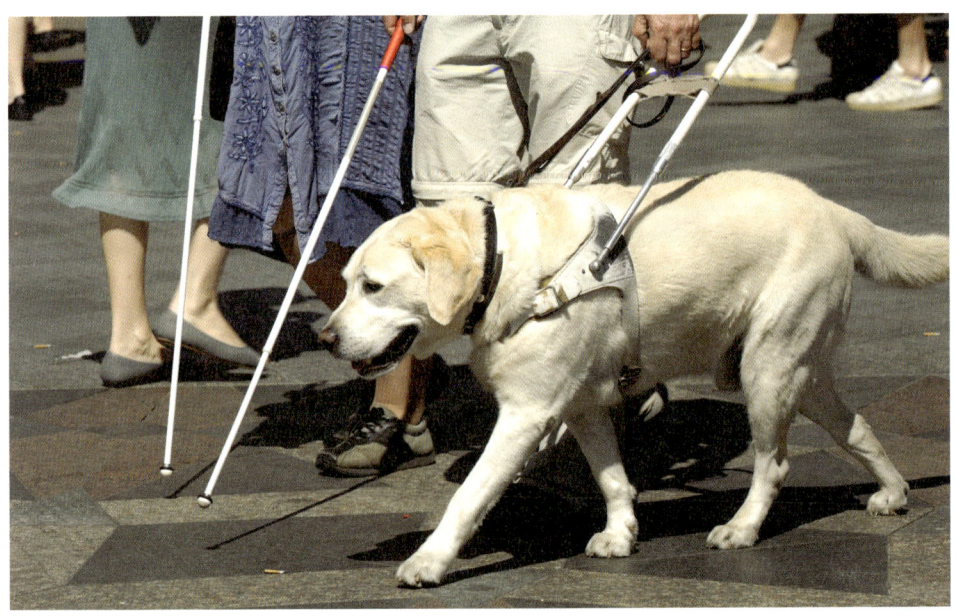

서 훌륭하게 목적지까지 안내하지.

그런데 이런 기능적인 일 말고 도우미견이 하는 아주 큰 역할이 있어. 바로 시각 장애인과 비장애인 사이의 마음의 벽을 허물어 주는 거야. 일반적으로 사람들은 장애가 있는 사람들에게 쉽게 말을 걸지 않는다고 해. 그런데 시각 장애인이 개와 함께 다니면 자연스럽게 사람들이 말을 걸어오는 거야. 개는 누구나 친근하게 여기는 동물이니까. 이렇게 도우미견은 그 존재만으로도 장애인들이 사회와 소통할 수 있게 돕는단다.

어떤 견종이 할까?

시각 장애인 도우미견으로는 골든레트리버와 래브라도레트리버가 주로 활동해. 레트리버 종은 선천적으로 사람을 좋아하고 잘 따르는 견종이야. 도우미견은 태어나서 자원봉사 가정에도 가야 하고, 훈련도 받아야 하고, 나중에는 시각 장애인과 함께 살아야 해. 이렇게 주인이 여러 번 바뀌더라도 한 주인만 따르지 않고 모든 사람을 좋아하는, 사람이 기뻐하는 걸 하고 싶어 하는 개가 도우미견으로 적합하단다. 또 외모가 친근감을 주고 적당한 힘이 있어서 사람을 끌 수 있어야 하지. 그런 면에서 레트리버는 도우미견으로서 훌륭한 조건을 갖추고 있어.

어떻게 훈련할까?

시각 장애인 도우미견은 태어난 지 7주 뒤에 자원봉사 가정으로 가서 1년 동안 생활해. 이 자원봉사자들을 퍼피 워커(Puppy walker)라고 하고,

이 과정을 퍼피 워킹(Puppy walking)이라고 한단다. 도우미견은 사람들과 함께 살기 때문에 사람 사회의 예의범절 등을 배워야 해. 퍼피 워킹을 통해 사람 사회에서 필요한 규율을 배우고 사람 사회에 적응하는 거야. 일종의 사회화 과정이지.

그 뒤 시각 장애인 도우미견에 알맞은 개인지를 평가하는 시험에 합격하면 6~10개월 정도 훈련을 받아. 그러고 나서 자신이 도와야 하는 시각 장애인과 한 달 동안 같이 생활하면서 합동 훈련을 받아. 그 훈련을 마치고 나면 본격적으로 시각 장애인 도우미견으로서 일을 시작해.

우리나라 도우미견의 탄생

시각 장애인 도우미견을 훈련하는 시설이 처음 만들어진 건 1916년 독일에서였어. 제1차 세계 대전 때 시력을 잃은 사람을 위해 시각 장애인 도우미견을 훈련시키기 시작했어. 그 뒤 세계에서 가장 오래된 시각 장애인 도우미견 협회인 'The Seeing Eye'가 1926년에 미국에서 창립되었고 훈련 시설도 만들어졌어.

우리나라의 상황은 어떨까?

우리나라 사람들이 시각 장애인 도우미견을 처음 알게 된 건 아마 1988년 10월 15일에 서울에서 개막된 장애인 올림픽에서일 거야. 이때 24마리의 시각 장애인 도우미견 행진이 있었거든. 고작 3분이라는 아주아주 짧은 시간 동안 행진했지만 우리나라에서 처음으로 시각 장애인 도우미견을 선보인 너무나 큰 의의를 갖는 역사적인 행진이었어. 그런데 사실 이날 행진한 개들은 아쉽게도 우리나라에서 직접 훈련시킨 개가 아니라 일본에서 온 개였어.

그로부터 4년이 지난 1992년, '한국장애인도우미견협회'가 설립됐어. 드디어 우리나라에서도 시각 장애인 도우미견을 훈련시키기 시작한 거야. 그 결과 1993년에 시각 장애인 도우미견인 '나들이'와 '마실이'가 탄생했단다. 나들이와 마실이는 각각 시각 장애인인 목사와 학교 교사에게 분양되었어. 그 뒤 청각 장애인 도우미견, 지체 장애인 도우미견, 치료 도우미견도 연이어 양성되었지. 1994년에는 삼성 안내견 학교가 설립되었어. 삼성 안내견 학교에서 배출된 여러 안내견들의 활약으로 사람들은 안내견에 대해 좀 더 친근하게 다가갈 수 있었어. (한국장애인도우미견협회에서는 시각 장애인 도우미견, 삼성 안내견 학교에서는 시각 장애인 안내견이라는 명칭을 쓰고 있다.)

한국장애인도우미견협회에서 도우미견을 분양받은 사람들과 도우미견이 함께한 사진을 열매처럼 붙여 놓았다.

큰 주목을 받는 믹스견

사실 도우미견은 레트리버 종이 많아. 래브라도레트리버는 사람을 좋아하고 사람과 함께 지내는 걸 기쁘게 생각해. 성격도 온순하고, 사람의 명령을 잘 받아들이고 영리해서 판단력이 있고, 물건 따위를 줍는 일을 능숙하게 해. 게다가 몸도 튼튼하니까 도우미견에 아주 적합하단다.

래브라도레트리버의 종류에는 털 색깔이 노란 것과 검은 것이 있어. 털색이 검은 개는 좀 무서운 느낌이 있어서 주로 노란색 개가 도우미견으로 활약해.

그렇다고 해서 모든 래브라도레트리버가 다 도우미견이 될 수 있는 건 아니야. 훈련을 통하여 적성이 맞는 개가 도우미견이 되는 거야.

그런데 래브라도레트리버는 도우미견으로서 완벽한 개일까?

실은 그들에게도 약점이 있어. 래브라도레트리버는 털이 짧지만 의외로 털이 잘 빠져.

개털 때문에 알레르기를 일으키는 사람도 있으니, 몸이 허약한 사람의 도우미견으로는 알맞지 않지. 그래서 주목을 받게 된 게 래브라도레트리버와 스탠더드 푸들과의 '믹스견'인 '오스트레일리언 래브라두들(Australian Labradoodle)'이란다. 그냥 '래브라두들'이라고도 불러.

믹스견이란 서로 다른 종의 개를 의식적으로 교배해서 만드는 개를 말해.

여러분은 아마 작은 푸들에 익숙할 거야. 하지만 원래 푸들은 몸집이 큰 개란다. 푸들은 털이 길어서 잘 빠질 것 같지? 예상과 반대로 털이 거의 안 빠지고 냄새도 적어. 그런데 성격이 조금 까칠한 약점이 있었지. 믹스견인 래브라두들은 두 개의 약점을 넘어서 서로의 장점을 잘 살린 개로 큰 주목을 받고 있어. 사진의 '버팀이'도 래브라두들이야. 도우미견으로 맹활약한 우수한 개란다.

시각 장애인 도우미견으로 활약하다 은퇴한 믹스견 버팀이

사람의 귀가 되어 주는 청각 장애인 도우미견

❓ 어떤 일을 할까?

청각 장애인 도우미견은 청각 장애인들과 함께 살면서 일상생활 중에 나는 여러 가지 소리를 분별해서 알려 주는 개야. 전화가 오거나 자동차 경적이 울리거나 초인종 소리가 나면 청각 장애인에게 알리는 일을 해. 청각 장애인들은 소리를 듣는 데 장애가 있는 사람이야. 청각 장애인 도우미견은 주변에서 나는 소리를 듣고 그게 어떤 소리인지 재빨리 분별해서 청각 장애인에게 알려 줘. 소리에 따라 각각 다른 동작을 하는 거야. 예를 들어 자명종 소리라면 침대에 올라가는 식으로 말이야. 그러면 주인은 개가 침대에 올라가는 걸 보고 자명종 소리가 난다는 걸 알아. 대부분 주인의 몸을 만지는 형태로 소리를 전달한다다.

❓ 어떤 견종이 할까?

소리에 흥미를 가지는 개라면 어느 개라도 할 수 있어. 그런데 몸집이 너무 큰 개는 침대에 올라갈 때 위험해. 그래서 이런 일에는 몸이 작은 종이 알맞아.

? 어떻게 훈련할까?

　시각 장애인 도우미견과 마찬가지로 태어나서 7주 뒤부터 1년 정도는 자원봉사 가정에서 생활해. 그리고 한 달 동안 훈련 준비를 한 뒤, 청각 장애인 도우미견으로 적합한지에 대한 시험을 치러. 합격하면 기본 훈련을 받기 시작해. 그런데 청각 장애인의 상황에 따라 해야 하는 일이 다르기 때문에 청각 장애인 도우미견이 직접 도와야 할 사람과 함께하는 훈련을 반년 정도 해야 해. 시각 장애인 도우미견보다 훨씬 길지.

　시각 장애인들은 지팡이를 가지고 있거나 시각 장애인 도우미견 하네스를 가지고 있어서 사람들이 알아보고 주의를 할 수 있어. 그런데 청각 장애인들은 겉모습을 보아서는 장애가 있는지 없는지 알 수가 없어. 그래서 청각 장애인이 거리에 나설 때는 도우미견에 '청각 장애인 도우미견'이라고 쓴 조끼를 입힌단다.

사람의 몸이 되어 주는 지체 장애인 도우미견

? 어떤 일을 할까?

몸에 장애가 있는 사람은 손이나 다리를 제대로 움직일 수가 없어. 그런 사람들을 도와주는 개가 지체 장애인 도우미견이야. 장애인 도우미견은 장애인 대신에 문을 열거나 지시를 받은 물건을 물어서 가져오는 일 등을 해. 주인의 몸 상태가 갑자기 나빠지면 가족들에게 급히 알리는 일 같은 수준 높은 일도 한단다.

? 어떤 견종이 할까?

사람이 많은 곳에 가거나 다른 동물이 있어도 집중력과 안전성이 흔들리지 않는 개가 알맞아. 래브라도레트리버가 지체 장애인 도우미견으로 많이 활동하고 있어. 과거에 새 사냥견이었던 레트리버는 물건을 가져오는 일 등을 아주 잘해. 골든레트리버도 활약해.

? 어떻게 훈련할까?

지체 장애인 도우미견도 태어난 뒤 1년 정도는 자원봉사 가정에서 생활해. 그 뒤 한 달 동안 훈련 준비를 하고, 지체 장애인 도우미견으로 적합한

지 시험을 치러. 시험에 합격하면 기본 훈련을 시작한단다. 그런데 지체 장애의 정도가 사람에 따라 다 다르기 때문에 도우미견의 도움도 달라야 해. 그래서 지체 장애인과의 합동 훈련 기간이 가장 길어서 7~12개월에 걸쳐 이루어져.

휴대 전화로 주인을 구한 개

2006년에 미국에서 있었던 일이야. 911 긴급 구호 센터에 전화가 걸려 왔는데, 놀랍게도 사람이 아니라 강아지가 전화를 했어. 전화에서는 끙끙거리는 소리 말고는 아무 말이 없었지만 911 담당자는 바로 휴대 전화의 위치를 추적해서 구급차를 출동시켰어. 그 덕분에 의식을 잃은 개 주인은 병원에 후송되어 목숨을 구했지.

전화는 '벨'이란 개가 한 거야. 당뇨병을 심하게 앓는 개 주인은 평소 자기가 쓰러지거나 하면 911로 연결되는 단축 번호 '9'번 버튼을 누르도록 벨을 훈련시켰거든. 벨은 도우미견이었으니까. 미국의 무선 통신 재단은 휴대 전화로 인명을 구하거나 범죄를 예방한 사람에게 상을 주는데, 벨은 이 영예로운 상을 받은 첫 동물 수상자가 되었단다.

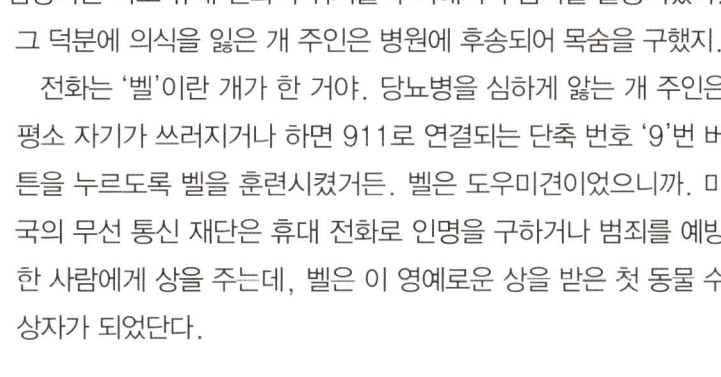

마음을 치유하는 치료 도우미견

어떤 일을 할까?

세상에는 마음이 아파서 정상적인 사회생활을 누릴 수 없는 사람도 있어. 그런 사람들을 치료하는 한 방법으로 동물 매개 치료라는 게 있는데, 동물과 교류하는 것으로 사람의 아픈 마음을 치료하는 방법이야.

이때 활약하는 동물 가운데 가장 인기 있는 게 개야. 개는 사람에게 가장 가깝고 친근한 동물이니까. 치료 도우미견은 노약자, 치매, 자폐증 같은 장애가 있는 사람의 마음과 몸의 치료에 아주 큰 도움을 준단다.

요즘에 아동 학대, 학교 내 폭력, 자살 등이 심각한 사회 문제로 떠오르고 있는데, 동물 매개 치료가 상처받은 어린이들의 마음을 치료하는 데 아주 큰 역할을 할 거라고 기대한단다.

어떤 견종이 할까?

어떤 견종이라도 할 수 있어. 중요한 것은 개의 성격이 치료 도우미견에 알맞은가에 달려 있어. 사람과 교류하는 것을 무척 좋아하고 짖거나 물지 않고 참을성이 뛰어난 개여야 해. 온순하고 착한 개가 알맞고 사람과 교류하는 것에 스트레스를 안 느끼는 개이면 된단다.

❓ 어떻게 훈련할까?

　미국은 1960년대부터 동물을 치료에 이용했다고 하는데, 우리나라는 이제 시작하는 단계야. 기초적인 훈련으로는 휠체어를 탄 사람과 더불어 걷는 훈련, 침대에 누워 있는 사람과 같이 자는 훈련 등이 있어. 돌발 상황이 벌어져도 놀라지 않고 참는 훈련도 한단다. 꼬리를 밟혀도, 큰 소리가 나도, 뭔가가 뛰어나가도 쫓아 나가지 않는 훈련도 하고 말이야. 또 병원이나 공공시설처럼 사람이 많은 곳에도 다녀야 하므로, 일대일의 훈련만이 아니라 여러 사람을 상대하는 훈련도 해. 약 1년 정도 훈련을 해야 해.

# 주인의 목숨을 구한 전설의 개, 오수개

고려 시대 최자가 쓴 이야기야.

전라북도 임실군에 김개인이라는 선비가 살았어. 어느 날, 김 선비는 친구와 술잔을 주고받다가 해 질 무렵 누렁이란 개와 함께 집으로 향했어. 술에 취한 김 선비는 좀 쉬었다 가려고 언덕에서 잠시 앉았다가 깜박 잠이 들고 말았지.

얼마나 시간이 흘렀을까. 잠에서 깬 김 선비는 주변을 둘러보고 깜짝 놀랐어. 자기 지팡이 옆에 불에 새까맣게 탄 누렁이가 누워 있었거든.

허둥지둥 주변을 살펴보니 방금까지 자기가 누워 있던 자리랑 그 옆이 축축하게 물에 젖어 있었어. 자기가 자는 동안 산에 불이 난 거야. 아무리 깨워도 술에 취해 잠든 선비가 꼼짝도 하지 않자, 누렁이가 시냇물에 들어가 털을 적신 뒤 선비의 몸이랑 주변 자리에 물을 뿌린 거야. 불이 번져 오지 못하게. 여러 번 그렇게 하고 또 하고, 자기 몸이 불에 타 죽을 때까지. 그래서 자기 주인의 목숨을 구한 거야.

김 선비는 누렁이의 장례를 치르고, 지팡이를 무덤 옆에 꽂고 두 손을 모았어.

몇 년 뒤, 신기한 일이 일어났어. 무덤 옆에 꽂아 둔 지팡이에서 싹이 돋아 커다란 나무로 자라난 거야. 그 뒤로 사람들은 그 지방을 큰 개라는 뜻

의 '獒(오)'에 나무를 뜻하는 '樹(수)'를 붙여 '獒樹(오수)'라고 불렀어.

　오수 지방은 지금의 임실군 지산면 영천리라고 해. 그곳에 있는 느티나무 네 그루는 천 살이 넘는데, 지금도 그 무덤을 지키고 있단다.

　오수개는 어떻게 생겼을까? 몸에 물을 묻혀서 왔다 갔다 했으니 털이 좀 길었을 거고, 성품이 충직한 것이 진돗개를 닮았을 거라고 추측하기도 해.

할아버지를 구한 '현대판 오수개'

　2012년 1월 말의 일이야. 강원도 강릉에 사는 85세 할아버지가 태어난 지 2개월 된 풍산개 강아지 '백구'를 데리고 산책을 나갔어. 그런데 저녁때가 되어도 할아버지가 돌아오지 않았어. 가족들은 걱정이 되어서 할아버지를 찾아 나섰지. 한참 뒤, 집 뒤 야산 언덕에 쓰러져 있는 할아버지를 발견했는데, 할아버지는 모자도 장갑도 없이 티셔츠에 조끼와 운동복 바지 차림이었어. 그때 강릉은 체감 온도가 무려 영하 10도였는데! 그런데도 할아버지는 무사했어. 발견 당시 할아버지 몸 위에 백구가 웅크린 채 앉아 있었다고 해. 백구의 체온이 할아버지의 체온이 내려가는 걸 막은 거야. 사람들은 할아버지를 구해 준 강아지 백구를 '현대판 오수개'라고 부르며 고마워했단다.

할아버지, 일어나요!

도우미견이 너무나 모자라

도우미견이 필요한 사람은 계속 늘고 있어. 그런데 해마다 양성되는 도우미견의 수는 한계가 있어. 도우미견이 되기 위한 훈련은 어렵기도 하고 긴 시간이 필요하니까.

특히 지체 장애인 도우미견의 경우는 사람마다 요구하는 일이 서로 달라서 그에 맞게 훈련해야 돼. 그러니 다른 개들보다도 훨씬 시간이 많이 걸린단다. 도우미견 훈련 과정을 완벽하게 이수하지 못한 개들이 중도에서 탈락하기도 하고.

한국장애인도우미견협회에서는 훈련받는 개들 모두를 각각의 훈련 정도와 상황, 수준에 맞추어 장애인들에게 분양하고 있어.

장애인들에게 도우미견은 단순히 내 불편한 곳을 도와주는 역할이 아니라 마음을 나누며 심리적인 위로를 받는 친구로서의 역할이 더 강하다고 해. 그 역할은 착한 심성을 가진 개라면 누구라도 훈련을 통해 할 수 있다고 해. 그래서 일반적인 훈련 과정보다는 실제로 분양받는 장애인의 특수한 상황을 고려한 훈련을 집중적으로 시켜. 일본과는 달리 도우미견에 대한 명령도 영어가 아니라 우리말로 하고.

또 장애인이 원래 길들인 개가 있다면 도우미견으로서의 능력은 조금 떨어지더라도 그 개를 훈련시켜서 도우미견의 역할을 하도록 돕는다고 해. 개와 함께 사는 것 자체가 치료 효과가 있으니, 새로운 개를 분양받는 것보다는 이미 내 가족이 된 개를 훈련시켜 생활에서 도움을 받는 게 훨씬 좋다고 생각해서지.

그렇다고 하더라도 도우미견의 수는 여전히 절대적으로 부족해. 도우미견에 대한 사회의 이해와 지원이 필요하단다.

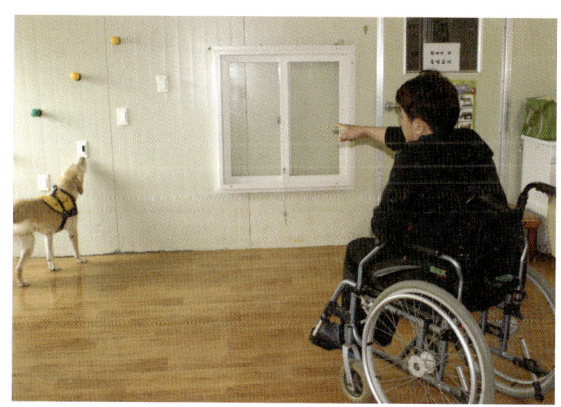

한국장애인도우미견협회에서 도우미견을 훈련시키고 있다.

친구라면 이 정도는 알아야 해

개와 '인사하는 법'부터 배우자

개 사회에도 나름의 인사법이 있고, 말도 있어. 여러분이 그것을 알지 못하면 개는 여러분을 '적'으로 볼 뿐 절대 친구라고 생각하지 않을 거야. 개와 친구가 되려면 어떻게 해야 할까? 지금부터 함께 알아보자.

개는 사람과 달라. 뭐가 어떻게 다를까? 지금까지 이야기한 내용을 다시 정리해 볼게.

개의 시력은 사람보다 나빠. 그 대신 냄새는 잘 맡지. 개가 냄새를 구별하는 능력은 사람의 100만~1억 배나 돼. 또 무리 생활을 했던 습성 때문에 같이 사는 사람 가족을 무리라고 여겨 우두머리에 복종하지. 이 사실을 알면 개와 인사하기가 쉬워.

여러분이 어떤 사람을 처음 만났다고 상상해 봐. 그런데 그 사람이 아무 말도 없이 갑자기 나를 만지면 어떻겠어? 기분이 매우 안 좋을 거야. 개도 마찬가지야. 처음 본 사람이 아무 말도 없이 갑자기 만지면, 그것도 머리부터 손을 대면 개는 그 사람이 자신에게 싸움을 건다고 생각해. 여러분 같은 어린이라고 하더라도 사람은 개보다 키가 커. 그렇기 때문에 개는 낯선 사람이 만지는 것을 큰 동물이 습격해 오는 것처럼 느끼지.

그럼 개를 처음 만나면 어떻게 해야 할까? 지금부터 개와 인사하는 법을 알려 줄게.

❶
개 주인에게
"만져도 괜찮아요?"
라고 묻자.

❷
개와 눈높이를 맞추자.

3

개가 안심할 때까지 기다리자.
※ 싫어하거나 무시하는 것 같으면 다음 기회에.

4

손을 내밀고 자기 냄새를 맡게 해 주자.
※ 손을 핥아도 갑자기 손을 빼지 말아야 한다.

5

서서히 턱부터 만지자.
※ 이를 보이거나 으르렁거리면 다음 기회에.

6

잘 훈련된 개라면 이제 친구야.
※ 개 주인에게 인사하는 것을 잊지 말자.

개한테 양파, 초콜릿은 금물!

개는 잡식성 동물이야. 고기도 먹고, 채소도 먹어. 하지만 원래는 늑대처럼 무리 지어 사냥을 해서 고기를 먹었어. 사람과 함께 살면서 사람이 먹는 것들을 먹다 보니 잡식성이 된 거야.

잡식성이라고 해서 아무거나 다 먹는 건 아니야. 개한테 절대 주지 말아야 할 것이 있어. 바로 양파, 파, 마늘 등이야. 사람 몸에는 좋지만 이 채소 속에는 개들의 혈액에 있는 적혈구를 파괴하는 성분이 들어 있기 때문이야. 적혈구는 산소를 운반하는 아주 중요한 일을 하거든. 개의 몸무게 1kg당 15~20g의 양파로도 중독이 일어난다고 해. 양파는 여러 음식에 곁들이는 채소이므로 개가 먹지 않도록 특히 조심해야 해.

초콜릿도 위험해. 개의 심장이나 신경을 자극하는 성분이 들어 있거든. 또 커피, 코코아, 녹차, 콜라도 좋지 않아. 날달걀의 흰자에도 개의 성장에 필요한 비타민의 흡수를 막는 성분이 있으니, 익혀 주거나 노른자와 함께 주는 게 좋단다. 조미료도 조심해야 할 것 중에 하나야. 개도 사람과 마찬가지로 염분이나 당분을 지나치게 섭취하면 신체 균형이 깨질 수 있다는 점을 꼭 기억해 두렴!

개의 '말'을 알아보자

개는 마음을 귀, 눈, 입, 꼬리로 나타내.
다음과 같은 개의 행동은 어떤 뜻의 '말'일까?

● 귀를 뒤로 젖히고 꼬리를 천천히 흔든다.

기뻐요!

● 배를 위로 보이게 누워 꼬리를 둥글게 한다.

복종해요!

- 귀를 뒤로 젖히고 꼬리를 다리 가운데로 끼운다.

- 머리는 낮추고 꼬리는 추켜세운다. 코에 주름을 잡고 으르렁거린다.

- 앞다리를 내밀고 엉덩이를 올려서 꼬리를 흔든다.

 ## 개는 어떻게 하루를 보내지?

오전 7:00

아직 졸려.
무리의 우두머리인
주인님이 일어나면
나도 일어나야지.

오전 8:00

빨리 산책 가요. 그런데
주인님이 식사를 해야
갈 수 있네. 낸 기다려야 돼.
여긴 내 영역이니
오줌을 눠야지.

오전 8:30

후유, 이제야
식사 시간이네.
맛있다!

개에게도 병이 있어

개는 아파도 말을 못해. 그러니 개의 건강에 늘 관심을 가지고 이상한 행동을 보이면 바로 동물 병원에 데려가야 해.

개의 이상 증세는 무엇일까?

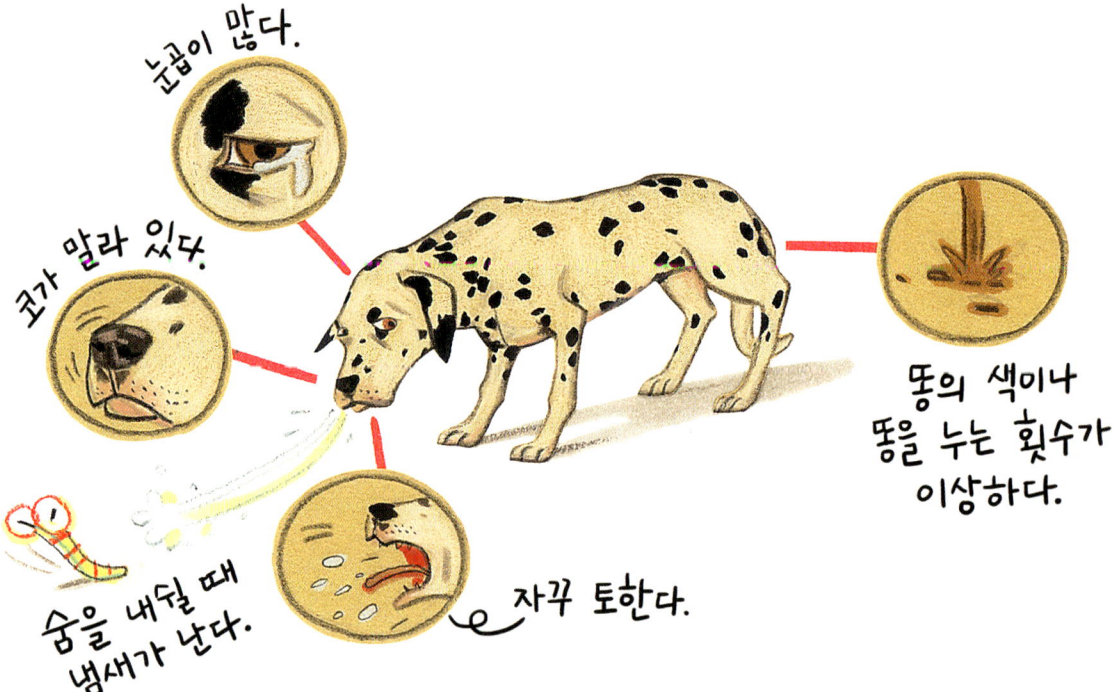

이런 증상은 개의 건강에 이상이 있다는 신호야.

개가 앓는 대표적인 병은 바이러스가 일으키는 '광견병'이야. 광견병에 걸린 개는 침을 흘리면서 흔들흔들 걸어. 그 모습이 마치 미친

사람이 걷는 것처럼 보여서 광견병이라고 해. 광견병에 걸린 개에게 물리면 사람도 광견병에 걸려서 신경이나 뇌척수 쪽에 문제가 생겨.

광견병은 치료가 무척 힘든 아주 무서운 병이야. 해마다 세계에서 약 55,000명(세계보건기구 WHO 통계)이 광견병으로 죽는단다.

광견병을 예방하려면 개에게 반드시 예방 접종을 시켜야 해. 광견병이 있는 곳에 가려는 사람도 꼭 예방 접종을 해야 하고. 다행히 우리나라에서는 어쩌다 비무장 지대에 사는 야생 동물에게서 전염되는 것 빼고는 광견병이 거의 발생하지 않는다고 해.

또 다른 병으로 '디스템퍼'가 있어. 디스템퍼는 홍역과 비슷한 전염병이야. 열이 오르고 기침이 나며 설사나 피똥을 싸는 병이야. 디스템퍼에 걸린 개는 대부분 죽어. 다행히 회복했다고 해도 절반 정도는 후유증이 남는다고 해. 디스템퍼를 막으려면 꼭 예방 접종을 해야 해.

모기가 옮기는 '필라리아(사상충)'도 무서운 병이야. 필라리아는 기다란 실 모양의 기생충이야. 모기가 개를 물 때 작은 기생충이 개의 몸 안으로 들어가. 개의 몸속에서 자란 기생충이 혈관으로 들어가고, 마지막에는 심장으로 들어간다고 해. 기생충 수컷은 약 15cm, 암컷은 약 30cm까지 자라는데, 작은 기생충이 피부나 근육에 있을 때 죽일 수 있는 약이 있어.

개의 10가지 부탁

지금까지 개에 대한 여러 가지를 알게 됐지? 그러는 동안 개의 매력에 빠졌다면 지금쯤 개를 키우고 싶어서 조바심이 날 거야.

하지만 철저한 준비 없이 개를 키우면 개도 사람도 힘들어져. 개는 마음이 변했다고 혹은 귀찮다고 외면할 수 있는 장난감이 아니니까.

〈개의 10계〉 다시 말해 개가 주인에게 하는 10가지 부탁(The Ten Commandments of Dog Ownership)이라는, 영어로 된 아주 유명한 글귀가 있어. 누가 썼는지는 알려져 있지 않지만 개를 사랑하는 사람이 처음 개를 키우려는 사람에게 들려주는 내용이야.

아저씨는 이 글귀를 읽을 때마다 초등학교 때 길렀던 개가 생각나서 눈물이 나와. '아이고, 저렇게 해 주었으면 더 좋았을걸.' 하고 자꾸 후회가 된단다.

여러분들이 나와 같은 후회를 하지 않도록 알려 줄게.

개가 주인에게 하는 10가지 부탁

1. 내 일생은 기껏해야 10~15년이에요. 아주 잠깐이라도 당신과 떨어져 있는 게 가장 괴로워요. 나를 기르기 전에 그걸 꼭 기억해 주세요.
2. 당신이 나에게 무엇을 원하는지 내가 이해할 때까지 조금만 시간을 주세요.
3. 나를 믿어 주세요. 그것은 내 삶에서 아주 중요해요.
4. 나를 오랫동안 혼내거나, 벌을 준다고 가두지 마세요. 당신에게는 따로 하는 일이 있고, 즐거운 일도 있고, 친구도 있을 거예요. 하지만 나에게는…… 당신밖에 없어요.
5. 때로는 나한테 말을 걸어 주세요. 비록 당신의 언어는 이해하지 못한다 해도 말을 걸어 주는 당신의 목소리로 그 의미를 이해할 수 있으니까요.
6. 당신이 나를 어떤 식으로 다루고 있는지 깨달아 주세요. 난 그걸 절대 잊지 않으니까요.
7. 나를 때리기 전에 꼭 기억해 주세요. 나에게는 당신 손뼈를 깨물 수 있는 이빨이 있지만 난 무슨 일이 있어도 당신을 물지 않겠다고 마음먹고 있다는 걸.
8. 말을 잘 안 듣는다, 고집이 세다, 게으르다고 나를 꾸짖기 전에, 내가 그렇게 된 이유가 당신의 행동은 아닌지 생각해 주세요. 제때 식사를 못 했을지도 모르고, 오랫동안 햇빛을 쬐어서 그럴지도 모르고, 내가 늙고 쇠약해져서 그럴지도 모르니까요.
9. 내가 늙은이가 되어도 나를 보살펴 주세요. 당신도 나처럼 나이를 먹을 거니까요.
10. 내가 하늘 나라로 떠날 때도 부디 내 곁에 있어 주세요. "보고 있기 괴로우니까.", "내가 없는 곳에서 보내 주세요." 같은 말은 절대 하지 마세요. 당신이 곁에 있어 주면 어떤 일이 닥쳐와도 조금도 두려울 것 없어요. 그리고 제발 잊지 마세요. 내가 당신을 사랑하고 있다는 걸.

개를 끝까지 지켜 줘!

모처럼 개와 한 가족이 되었는데도, 여러 사정 때문에 개를 키우기 힘들 때도 있어. 그럴 때는 어떻게 해야 할까? 아무 데나 버려도 될까?

안 돼. 개를 버리면 절대 안 돼. 이 책에서 몇 번이나 강조했듯이 개는 사람과 더불어 살면서 개가 된 동물이야. 사람 없이는 못 살아. 길거리에 버려진 개는 이미 죽은 것과 같아. 우리나라에서는 해마다 약 5만 마리나 되는 개가 버려진다고(2008년 국립수의과학검역원 자료) 해. 주인 없는 유기견은 보건소나 유기견 보호소 등에서 10일 동안 주인이 나타나기를 기다려. 하지만 주인이 나타나지 않으면 결국 안락사되고 만단다.

요즘에는 애완동물을 액세서리처럼 유행에 따라 바꾸는 사람이 많아. 또 애완동물을 키울 준비가 안 된 채 키우다가 말을 안 듣는다는 이유로 버리는 사람도 있단다. 사람들의 이기적인 생각 때문에 동물들이 죽음으로 내몰리고 있어. 동물들은 결코 죽임을 당하려고 이 세상에 태어난 게 아니야!

동물 애호 센터나 애견 단체에서는 동물들이 죽임을 당하는 것을 막으려고 노력해. 버려진 동물들을 데려다 훈련시켜 새로운 주인을 찾아 주기도 하지. 그런데 이렇게 새로운 주인을 찾는 개나 고양이는 아주 소수에 불과하다고 해.

개를 키우지 못하게 되었을 때는 어떻게 해야 할까?
1. 우선 친척이나 친구들에게 부탁하자.
2. 전단지, 신문, 잡지 등을 이용하여 입양할 사람을 찾자.
3. 보건소에 상담해서 유기견 입양 대상을 찾아 주는 동물 애호 단체를 소개받자.
할 수 있는 노력을 다 하여 버려지는 동물이 생기지 않도록 해야 된다!

개와 관련한 직업에는 어떤 것이 있을까?

수의사

동물의 병이나 상처를 치료하는 의사야. 사회가 발달하면서 의약품 개발, 동물 연구 등 수의학의 범위가 많이 넓어졌어. 수의사가 되려면 대학에서 전문 지식을 배워서 국가시험에 합격해야 돼. 무엇보다 '동물을 사랑하는 마음'을 갖추어야겠지.

동물 간호사(동물 간호 테크니션)

동물 병원에서 수의사를 돕는 간호사야. 동물 치료에 관한 전문 지식, 영양학의 기본 지식을 갖추어야 해. 아직까지는 국가시험이 아니라 민간 협회나 관련 학원에서 자격증을 발급한단다.

개 훈련사

경찰견이나 시각 장애인 도우미견 등 특수한 임무를 수행하는 개를 양성하는 훈련소에서 전문적으로 개를 훈련하는 사람이야. 훈련소에 들어가 개를 돌보면서 훈련 방법을 배운단다.

애견 트레이너

개가 주인의 명령에 따르도록 훈련하는 일을 하는 사람이야. 개 주인과 계약을 맺고 개를 맡아서 훈련시켜. 애견 관련학과에서 공부하거나 애견 훈련사 자격증을 따기도 해.

애견 미용사

동물 병원이나 애완동물 가게에서 개의 털을 깎거나 발톱을 깎는 일을 하는 개 미용사야. 민간 단체에서 주는 자격증이 있어.

애견 핸들러

도그쇼에 나갈 개들을 전문적으로 관리하는 사람이야. 도그쇼에 출전한 애견이 심사 위원 앞에서 최대한 돋보이게 하는 역할을 해. 민간 단체에서 주는 자격증이 있어.

그 외에도 강아지 옷 디자이너, 애견 사진사, 동물 매개 치료사, 애견 종합 관리사 등이 있어.

| 작가의 말 |

내 인생의 동물, 개

안녕! 반가워. 아저씨는 일본에서 태어나 지금은 일본에서 살고 있지만 한국인이야. 한국과 일본을 오가며 취재도 하고 글도 쓰고 여러 일을 한단다.

아저씨가 이 책 《인간의 오랜 친구 개》를 쓴 데는 사연이 있어. 아저씨한테는 잊으려야 잊을 수 없는 개가 있거든. 초등학교 3학년 때 우리 집에 온 일본 토종개 시바견……. 네 살 아래 여동생이 아버지를 졸라서 얻어 온 암컷 새끼 개…….

여동생은 개 이름을 '유리'로 짓고 처음에는 잘 데리고 놀았지만, 시간이 지나면서 차츰 소홀해지기 시작했어. 아직 어리기도 했고, 여러분도 알다시피 개를 돌보는 데는 손이 많이 가잖아. 얼떨결에 내가 유리 담당이 되었어. 나는 꼬박꼬박 밥을 챙겨 주고 목욕도 시켜 주며 다정하게 지냈어.

그 당시 내가 좋아하던 여학생도 개를 키우고 있었거든. 그 친구는 늘 일정한 시간에 자기 개와 함께 산책을 했는데, 그 시간이면 나도 유리를 데려가 함께 걸으며 자연스럽게 어울렸어. 어느새 나에게는 유리와 산책 가는 게 가장 행복한 시간이 되었단다.

6학년이 되면서 아주 바빠졌어. 어느 중등학교에 진학할지 고민이 많았거든. 유리를 산책에 데려가지 못하는 날이 늘었어.

그러던 어느 날, 유리가 새끼를 네 마리 낳은 거야. 새끼를 밴 것도 몰랐는데, 아주 놀랐지.

그런데 일주일 뒤 충격적인 사건이 일어났어. 언제나처럼 학교에서 돌아왔는데, 유리랑 귀여운 새끼들이 안 보였어. 집에 없었어!

"유리랑 새끼들 어디 있어요?"

"……."

침묵하던 아버지가 무겁게 말문을 열었어.

"어쩔 수 없이 보건소로 보냈다."

아저씨네 집은 일본에서 작은 세탁소를 했는데(부모님의 일을 물려받아 지금도 아저씨는 세탁소를 하고 있단다), 개가 다섯 마리나 되면 위생적이지 않다는 소문이 나서 일을 못 하게 된다고 했어. 지금처럼 애완동물에 대한 이해가 없던 시대였으니까…….

"보건소로 보내면 새로운 주인을 만나게 되는 거죠?"

철부지 여동생의 물음에 부모님은 솔직하게 답했어.

"아니야, 실험동물이 되어서 실험을 당해 죽을 거야. 하지만 그 죽음은 우리 사람을 위한 거야. 귀한 죽음이니, 결코 '개죽음'은 아니야. 사람에게 도움이 되었으니까……."

나와 여동생은 몹시 울었어. 지금도 그 생각을 하면 여전히 가슴이 아파.

"어째서 개들이 사람을 위해 죽어야 하죠? 이해할 수 없어요."

한동안 부모님께 반발했지만, 동시에 왜 유리를 책임지고 더 잘 돌보지 못했을까 하고 깊이 후회했어.

얼마 뒤 글짓기 시간에 나는 유리에 대한 미안함, 동물의 운명에 대한 심정을 담아 '유리의 죽음'이라는 제목으로 작문을 썼어. 선생님이 학급 친구들 모두 앞에서 그 글을 읽으라고 하셨어. 평소 나는 얌전하고 남의 앞에 서기를 겁내는, 눈에 안 띄는 소극적인 아이였거든. 그러니 다른 아이들 앞에서 큰 소리로 내 글을 읽는다는 것은 엄청 '획기적인 사건'이었지.

내가 쓴 글을 읽는데, 반 친구들이 함께 눈물을 흘렸어…….

'혹, 나에겐 글 쓰는 능력이 있을지 몰라.'

난 난생처음으로 스스로에게 자신을 가지게 됐어. 미래의 작가 김황은 이때에 태어났고, 그 계기가 된 작품이 바로 개 유리 이야기야.

졸업 때에는 원고지 20장에 달하는 긴 작품을 써냈어. 선생님이 6년간의 초등학교 시절을 돌이켜 보고 가장 인상 깊게 남은 일에 대해서 쓰라고 하셔서, 난 망설임 없이 내가 받아 온 '민족 차별'에 대해서 썼어. 이 작품은 교토 시 교육위원회의 중요 자료가 되어 많은 교사가 읽었다고 해. 이 일을 계기로 나는 다른 친구들이 흔히 가던 학교와는 다른, 민족학교 중등학교로 가야겠다는 결심을 했어.

이처럼 내 인생에 있어서 아주 큰 영향을 준 게 바로 유리라는 개야. 그래, 개는 한 사람의 인생을 바꿀 정도로 매우 매력적인 동물이며, 우리의 친구야! 개를 키우고 싶지만 부모님이 반대하는 어린이도, 한때는 너무나 귀여워했지만 이제는 개를 귀찮아하는 어린이도, 동물을 가까이해 본 경험이 없어 개를 무서워하는 어린이도 모두모두 개는 사람의 오랜 친구라는 사실을 알았으면 좋겠어.

친구라면, 사랑한다면 서로를 알아야 하잖아. 이 책을 통해 개를 좀 더 가까이 들여다보아 알게 되고, 말 이전의 몸짓에 대해서 이해했으면 좋겠어. 개의 말은 어떤 건지, 개는 어떻게 하루를 보내는지 등 여러 가지를 말이야. 그래서 개와 함께 있고 싶어 하는 친구들에게 조금이라도 도움을 준다면 그보다 기쁜 일은 없을 거야.

이 책은 오랜 시간 개와 함께 헌신적으로 지내 온 전문가들에게 도움을 많이 받았어. 여러 단체와 사람이 있지만 특히 '삼성 마이 도그', '한국장애인도우미견협회'의 친절하고 실천적인 도움말로 내용이 풍부해질 수 있었어. 묵묵히 일을 하고 계신 그분들께 이 책으로 감사의 마음을 전해.

지금 개를 키우지 않더라도 어쩌면 우리들은 모두 각자의 마음속에 개가 한 마리쯤 있을지도 몰라. 아낌없이 사랑을 주고, 커다란 마음의 위로를 받는.

2013년 김황

참고 도서와 자료

김중대, 《개띠_12띠의 민속과 상징》, 국학자료원, 1997 | 손영, 《손영의 풍산개 이야기》, 아름다운사람들, 2006
윤희본, 《우리 진돗개》, 창해, 2000 | 윤희본, 《윤희본의 진돗개 이야기》, 꿈엔들, 2007
이준연, 《오수의 개》, 교학사, 2000 | 하지홍, 《우리 삽살개》, 창해, 2001
하지홍, 《한국의 토종개》, 대원사, 1993 | 하지홍, 《하지홍 교수의 개 이야기》, 살림, 2008
하지홍, 《한국의 개》, 경북대학교출판부, 2003 | 한국삽살개보존협회, 〈제5회 삽살개 단독 전람회〉, 2006
Stephen Budiansky, 《犬の科學》, 築地書館, 2004
《TV프로그램 DOGS THAT CHANGED THE WORLD》, 미국, 2007
井上こみち, 《海をわたった盲導犬ロディ》, 理論社, 2001 | 中島眞理 監修, 《イヌの大常識》, ポプラ社, 2005
中島眞理 監修, 《超はっけん大図鑑 イヌ》, ポプラ社, 2003 | なかのひろみ, 《イヌのいいぶん、ネコのいいわけ》, 福音館, 1998
藤村尚太郎 編集, 《日本と世界の愛犬図鑑 2011》, 辰巳出版, 2011
畑 正憲, 《イヌはぼくらの友だちだ》, 講談社, 2000 | 林 良博 監修, 《イラストで見る犬学》, 講談社, 2000
吉田悦子, 《イヌ好きが気になる50の疑問》, ソフトバンク クリエイティブ, 2007

도움 받은 곳

삼성 마이도그 | 한국장애인도우미견협회 | 한국경주개동경이보존협회

사진 출처

(16p)아누비스ⓒGator | Dreamstime.com (17p)사자의 서ⓒwiki (21p)테오티우아칸ⓒJerl71 | Dreamstime.com (21p)쇼로이츠퀸틀ⓒAlexey Kuznetsov | Dreamstime.com (22p)개 토우ⓒ경북대 박물관 소장 (23p)청동 거울ⓒ한국마사회마사박물관 소장 (34p)사천 늑도 유적ⓒ문화재청 (38p)늑도 유적에서 나온 개 뼈ⓒ문화재청 (44p)동경이ⓒ한국경주개동경이보존협회 (54p)양을 모는 보더콜리ⓒKateleigh | Dreamstime.com (54p)셰틀랜드 시프 도그ⓒAdogslifephoto | Dreamstime.com (54p)보더콜리ⓒIsselee | Dreamstime.com (54p)펨브록 웰시 코기ⓒSergey Lavrentev | Dreamstime.com (54p)코몬도르ⓒAnna Yakimova | Dreamstime.com (55p)콜리ⓒWaldemar Dabrowski | Dreamstime.com (55p)저먼 셰퍼드 도그ⓒgallerytes | stock.xchng (55p)벨지안 셰퍼드 도그ⓒAndra Cerar | Dreamstime.com (55p)오스트레일리언 캐틀 도그ⓒMichael Poe | Dreamstime.com (58p)잉글리시 포인터ⓒIsselee | Dreamstime.com (58p)달리는 잉글리시 포인터ⓒDrevil5000 | Dreamstime.com (58p)아이리시 세터ⓒChrispethick | Dreamstime.com (58p)래브라도레트리버ⓒPumba1 | Dreamstime.com (58p)아메리칸 코커스패니얼ⓒIsselee | Dreamstime.com (59p)골든레트리버ⓒEpicstock | Dreamstime.com (59p)달리는 잉글리시 스프링어 스패니얼ⓒJeff Dalton | Dreamstime.com (59쪽)잉글리시 스프링어 스패니얼ⓒIsselee | Dreamstime.com (59p)와이머라너ⓒFoto99 | Dreamstime.com (59p)잉글리시 세터ⓒLiuying Lu | Dreamstime.com (02p)비글ⓒIsselee | Dreamstime.com (62p)나무 문 비글ⓒDavide Ciccarello | Dreamstime.com (62p)바셋하운드ⓒIsselee | Dreamstime.com (62p)미니어처 닥스훈트ⓒAltaoosthuizen | Dreamstime.com (62p)아프간하운드ⓒIsselee | Dreamstime.com (63p)보르조이ⓒPavel Shlykov | Dreamstime.com (63p)아이리시 울프하운드ⓒAnduin230 | Dreamstime.com (63p)그레이하운드ⓒ4theuk | Dreamstime.com (63p)살루키ⓒIsselee | Dreamstime.com (66p)잭 러셀 테리어ⓒWilleecole | Dreamstime.com (66p)요크셔테리어ⓒJoy Fera | Dreamstime.com (66p)와이어 폭스테리어ⓒErik Lam | Dreamstime.com (66p)에어데일테리어ⓒIsselee | Dreamstime.com (67p)스카이테리어ⓒIsselee | Dreamstime.com (67p)웨스트 하일랜드 화이트 테리어ⓒIspace | Dreamstime.com (67p)미니어처 슈나우저ⓒMarazem | Dreamstime.com (67p)스코티시 테리어ⓒVitaliy Shabalin | Dreamstime.com (70p)시베리안 허스키ⓒProchasson Frederic | Dreamstime.com (70p)세인트버나드ⓒEdwinhobert | Dreamstime.com (70p)뉴펀들랜드ⓒIsselee | Dreamstime.com (70p)도베르만ⓒAndrey Yakovlev | Dreamstime.com (71p)로트와일러ⓒIsselee | Dreamstime.com (71p)사모예드ⓒHighlaz | Dreamstime.com (71p)티베탄 마스티프ⓒSunheyy | Dreamstime.com (71p)복서ⓒВладимир Серебрянников | Dreamstime.com (74p)치와와ⓒPaul Ransome | Dreamstime.com (74p)시추ⓒIsselee | Dreamstime.com (74p)몰티즈ⓒIsselee | Dreamstime.com (74p)파피용ⓒSergey Lavrentev | Dreamstime.com (75p)포메라니안ⓒSergey Lavrentev | Dreamstime.com (75p)퍼그ⓒRiccardostock | Dreamstime.com (75p)카발리에 킹 찰스 스패니얼ⓒLilun | Dreamstime.com (75p)페키니즈ⓒJagodka | Dreamstime.com (76p)재퍼니스 친ⓒBlueirison | Dreamstime.com (77p)모구양자도ⓒ간송미술관 소장 (78p)모견도ⓒ국립중앙박물관 소장 (79p)달마티안ⓒIsselee | Dreamstime.com (80p)불도그ⓒIsselee | Dreamstime.com (80p)스탠더드 푸들ⓒLee6713 | Dreamstime.com (80p)차우차우ⓒAlexirina27000 | Dreamstime.com (81p)보스턴 테리어ⓒIsselee | Dreamstime.com (81p)프렌치 불도그ⓒIsselee | Dreamstime.com (81p)티베탄 테리어ⓒErik Lam | Dreamstime.com (81p)비숑 프리제ⓒViorel | Dreamstime.com (89p)늑대ⓒRinus Baak | Dreamstime.com (89p)코요테ⓒMirceax | Dreamstime.com (89p)검은등자칼ⓒNeal Cooper | Dreamstime.com (89p)딩고ⓒRobyn | Dreamstime.com (114p)경찰견ⓒDusan Kostic | Dreamstime.com (116p)마약탐지견ⓒMonika Wisniewska | Dreamstime.com (118p)수중 구조견ⓒMarco Clarizia | Dreamstime.com (120p)구조견ⓒ연합포토 (122p)도우미견ⓒLars Christensen | Dreamstime.com